信山社ス…
実践紗…

実践警察法

宮田三郎 著

信 山 社

はしがき

　本書は警察法の理論と実践についてのコンパクトな説明である。
　近代的な警察法は、個人主義的な自然法思想に基づき、国家・社会に対する危険を防止することによって、公共の安全と秩序の維持を目標とするものであったが、警察の実務は、必ずしも警察活動を消極的な治安の維持に限定しようとするものではなかった。
　現代的な警察法は、多元的な価値観と成熟した社会の抱える多様な危険性に直面して、消極的な危険防止から積極的な危険予防へと警察権の拡大・強化を志向し、さらに警察は社会秩序の形成者たらんとする萌芽を示しているように見える。
　民主制法治国家における警察法は、個人の生命、健康、自由、財産および国・地方公共団体の存立・運営が無傷であることを目指すものでなければならない。それは、とくに警察が憲法・法律・条例を遵守し、それを適正に執行することによって、確保されるということができる。警察は民主的な国民に対立する制度であってはならない。
　本書の重点は、警察法の課題が実効的な危険防止と基本的人権の保護という相対立する2つの要請のあいだに均衡を見出すことにあるという認識に基づき、警察法の基本的な構造を明らかにし、できる限り警察実務に触れることによって、日本警察法の現在を追求することに置かれている。
　本書の出版については、いつもながら、信山社の袖山貴氏に大変お世話になった。心からの謝意を表したい。

2012年(平成24年)1月

　　　　　　　　　　　　　　　　　　　　宮　田　三　郎

目　次

はしがき

第1部　警察法の基礎 …………………………………………9

第1章　警察とは何か ……………………………………………11

　　Ⅰ　「警察」の変遷　*(11)*
　　Ⅱ　警察の概念　*(12)*
　　Ⅲ　警察の種類　*(14)*

第2章　警察の組織はどうなっているか …………………17

　　Ⅰ　国家公安委員会　*(17)*
　　Ⅱ　警察庁　*(18)*
　　Ⅲ　都道府県警察　*(20)*
　　Ⅳ　警察職員　*(24)*
　　Ⅴ　その他の組織　*(24)*

第3章　警察はどのような責務を負うか ………………………29

　　Ⅰ　責務規範　*(29)*
　　Ⅱ　警察法2条1項の法的性格　*(29)*
　　Ⅲ　警察の保護対象　*(30)*

第4章　警察の活動についての基本原則 ……………………35

　　Ⅰ　法治主義　*(35)*
　　Ⅱ　警察便宜主義　*(36)*
　　Ⅲ　比例原則　*(39)*
　　Ⅳ　警察権の限界の理論　*(40)*

第5章　警察はどんな形で活動するか ………………………43

　　Ⅰ　行政処分　*(43)*

Ⅱ　警察強制　　*(45)*
　　　Ⅲ　武器の使用　　*(46)*

第6章　警察はどのような侵害措置をとっているか …………49

　　　Ⅰ　職務質問　　*(49)*
　　　Ⅱ　保　護　　*(53)*
　　　Ⅲ　避難強制　　*(57)*
　　　Ⅳ　犯罪の予防および制止　　*(58)*
　　　Ⅴ　立入り　　*(59)*
　　　Ⅵ　一時保管・仮領置　　*(61)*

第7章　警察権は誰に対して発動されるか …………63

　　　Ⅰ　行為責任　　*(63)*
　　　Ⅱ　状態責任　　*(66)*
　　　Ⅲ　第三者の責任（警察緊急状態）　　*(68)*

第8章　警察の活動によって被った損失は補償されるか…69

　　　Ⅰ　理論的根拠　　*(69)*
　　　Ⅱ　損失補償の内容　　*(69)*

第2部　危険防止 …………73

第9章　市民生活 …………75

　　　Ⅰ　児童虐待・高齢者虐待　　*(75)*
　　　Ⅱ　配偶者暴力　　*(79)*
　　　Ⅲ　ストーカー行為　　*(81)*
　　　Ⅳ　迷惑行為　　*(85)*

第10章　道路交通 …………89

　　　Ⅰ　交通の規制（安全対策）　　*(89)*
　　　Ⅱ　交通反則金制度　　*(93)*

Ⅲ　交通事故対策　　(95)
　　　Ⅳ　道路の使用　　(97)
　　　Ⅴ　危険物等の措置　　(99)

第11章　営　　業 ……………………………………………101
　　　Ⅰ　古物・質屋営業　　(101)
　　　Ⅱ　風俗営業　　(104)

第12章　危　険　物 ……………………………………………113
　　　Ⅰ　銃砲刀剣類　　(113)
　　　Ⅱ　火薬類　　(116)
　　　Ⅲ　麻薬・覚せい剤　　(118)
　　　Ⅳ　暴力団　　(120)
　　　Ⅴ　破壊的団体　　(128)
　　　Ⅵ　無差別大量殺人行為を行った団体　　(131)

第13章　災　　害 ………………………………………………135
　　　Ⅰ　災　　害　　(135)
　　　Ⅱ　対策本部　　(133)
　　　Ⅲ　権　　限　　(137)
　　　Ⅴ　大規模地震　　(140)
　　　Ⅵ　火災および水害　　(142)
　　　Ⅶ　原子力災害　　(144)
　　　Ⅷ　緊急事態の特別措置　　(145)

判例索引（巻末）
事項索引（巻末）

第 1 部 警察法の基礎

第1章　警察とは何か

I 「警察」の変遷

　警察の語は，ギリシャ語の politeía から，ラテン語の politia, policia を経て，フランス語の police を通じ，ドイツ語の Polizei となった。警察は行政法の最も古い制度であり，警察の内容は，国家観の変遷に伴い，大きく変化した。

　ヨーロッパにおける警察の語は，最初は一切の国の作用を意味するものであったが，17・8世紀の絶対君主制において，警察から外政，軍政，財政および司法が分離し，警察は全内務行政を表すものとなり，共同体の「良き秩序」の状態の維持に向けられた活動を意味する観念となった。絶対君主制における警察権は，立法権および執行権を含む全国家権力であり，その活動領域は法的に無制限であると考えられ，国家はまさに警察国家であったのである。

　それに対して，個人主義的思想に基づく国家観は，警察の活動を消極的な秩序維持の領域に限定すべきであるとし，積極的な公共の利益の増進は警察の任務ではないとした。このような思想は，1794年のプロイセン一般ラント法や1795年のフランスの軽罪処罰法典に取り入れられ，わが国の明治8年（1875年）の太政官達行政警察規則第1条も，「行政警察ノ趣旨タル人民ノ凶害ヲ予防シ安寧ヲ保全スルニ在リ」と規定した。

　しかし，実務は警察の任務を公共の安寧秩序の維持に限定しなかった。明治18年（1885年）の内務省警保局編『警務要書』は，安寧，宗教，衛生，風紀，農業，河港，道路，建築，田野，漁猟などを警察の対象とし，明治21年（1888年）の『警察管理配置及勤務概則』により，「地トシテ警察ノ眼見ヌトコロハナク，処トシテ警察ノ耳ノ聴エヌ所ハナク，警察ノ耳目ヲ四張シ，其受持町村丈ケハ我ガ一家ノ如クニ保護ヲ加フル趣旨ヲ以テ」散兵警察制である駐在所を全国に約1万ヶ所設置し，警察による日常の監視を地域の末端にまで及ぼした。

　明治22年の大日本帝国憲法第9条は，「天皇ハ法律ヲ執行スル為ニ又ハ公共ノ安寧秩序ヲ維持シ及臣民ノ幸福ヲ増進スル為ニ必要ナル命令ヲ発シ又ハ発セシム但シ命令ヲ以テ法律ヲ変更スルヲ得ス」と規定

し，学者はこれを「警察命令ノ大権」と称した。明治憲法は臣民の幸福を増進するための警察命令を認めていたのである。

ドイツでは，1931年のプロイセン警察行政法第14条1項が，「警察官庁は，……公共の安全又は秩序を脅かす危険を一般及び個人から防止するために，義務にかなった裁量により、必要な措置をとらなければならない。」と規定し，警察を積極的な公共の福利増進の活動ではなく，消極的な治安維持の目的のための活動に限定したが，同時に，この規定は警察の侵害活動のための一般条項たる機能を果たすものと解された。

わが国では，当初，有力学説（美濃部達吉博士）は，警察を直接社会一般の利益を目的として行われる作用で命令・強制を手段とするものをいうと定義し，警察は，単に消極的に社会の安全・秩序を維持することのみならず，積極的に社会の幸福利益を増進することを目的とする作用であるとした。しかし多数説は，学問上の警察を，公共の安全と秩序を維持するために，命令・強制によって人民の自然の自由を制限する一般統治権の作用であると定義し，これが一般的承認を受けることになった。この定義は，目的（＝公共の安全と秩序の維持），手段（＝命令・強制）および権力の基礎（＝一般統治権）の3要素から規定されているが，ここに，公共の安全と秩序に対する危険防止の活動が警察であるという実質的意味の警察の概念が確立し，これを行政警察と呼んだのである。

Ⅱ 警察の概念

警察の語は，いろいろの意味に使われる。

(1) 実質的意味の警察

実質的意味の警察は，警察の責務の範囲という観点から，推論される。従来，警察の責務は危険防止および障害除去という消極目的に限定された。しかし，現代福祉国家の主要な警察の責務は，消極的な治安の維持に限定されるものではなく，むしろ，社会経済的な発展を積極的に促進し，危険のみならず，妨害その他のリスクの発生を長期的に予防し管理する点にあり，したがって警察の責務の重点も積極的な危険の事前予防にまで拡大される。

警察とは，今日の実質的な意味では，公共の安全と秩序に対する危険の予防および障害の除去に向けられた警察機関および一般行政機関の活動の全体をいうことになった。

(2) 形式的意味の警察

形式的意味の警察は警察組織の観点から規定される。立法者が，警察機関の権限として定めた機能，要するに制度的意味の警察の機能のすべてが形式的意味の警察に属する。例えば，拾得物の保管（遺失1条），強制執行の補助機関としての援助（民執6条）など，警察法以外の他の法律により警察の責務とされる機能も，形式的意味の警察である。

ちなみに，平成21年中に，届出のあった拾得物は，特例施設占有者の保管分を含め，約1,820万点，通貨が135億円，遺失届は物品が1,096万点，通貨が353億円で，そのうち，物品については約617万点，通貨については約97億円が返還されている。

(3) 制度的意味の警察

制度的意味での警察とは，国家活動のうち，強力な実力部隊としての警察力を背景として実施される活動をいう。さらに，日常的には，警察官庁および警察の建物（庁舎）を指して警察といっていることが多い。

(4) 警察法の警察

現行法上，警察についての定義はなされていない。警察法（昭和29年・法162）の警察の責務に関する規定から，「警察とは何か」が推論される。警察法2条には（警察の責務）という条文見出しが付けられ，その1項は，「警察は，個人の生命，身体及び財産の保護に任じ，犯罪の予防，犯罪の鎮圧，捜査，被疑者の逮捕，交通の取締その他公共の安全と秩序の維持に当たることをもってその責務とする。」と規定している。

通説によれば，警察法は，犯罪の捜査，被疑者の逮捕のような刑事警察を警察の責務としている点で，現行法の警察の概念は従来の行政警察の概念より広い。また，食品衛生，医薬品・麻薬等の取締り，鉱山保安，各種の営業の取締りや少年・婦女子の労働の規制等に関する公共の安全と秩序の維持を警察の責務から除外し，それを一般行政機関の権限として脱警察化を図っているという点で，従来の行政警察の概念より狭い。しかし，警察法の規定が食品衛生・医薬品・麻薬などの取締りとか産業労働その他に関する活動を警察の責務から除外しているという通説の法解釈は，文理的に疑問があるといえよう。

Ⅲ 警察の種類

(1) 司法警察と行政警察

司法警察は，フランス法に起源を有し，犯罪の証拠を収集し，犯罪人を逮捕するための活動をいう。司法警察の活動は刑事裁判の準備であって，これを刑事警察ともいう。現行法は，警察機関が同時に司法警察の職務を行うこととし，司法警察を行う場合の警察官を司法警察職員という（警2条1項，刑訴189, 190条）。行政法上，本来の意味の警察は，行政権の活動である行政警察を指す。

(2) 保安警察と行政警察

この区別はドイツから来たもので，保安警察とは警察の活動だけで行政の目的を達成することができる警察をいい，行政警察とは行政の他の活動と総合して始めてその目的を達成できる場合の警察をいう。例えば，外国人，集会，結社，集団示威行進に対する規制などは保安警察に属し，公衆衛生，建築，交通，産業などの行政分野で行われる警察の活動は行政警察に属する。保安警察は警察機関の管轄であるが，行政警察は各種の一般行政機関が警察機関とともにそれを掌る場合が多い。現行法では，保安警察は大体公安委員会の所轄に属し，行政警察は，例えば鉱山の保安は経済産業大臣の権限に属し，金融業の取締りは金融庁長官の権限に属する。

(3) 予防警察と鎮圧警察

この区別もドイツに由来するもので，犯罪の予防のためにするものを予防警察，すでに発生した犯罪の捜査のためにするものを鎮圧警察という。これは行政警察と司法警察の区別に相当する。また，一般に警察の対象になる事件の時間的経過を基準にして，その発生前にするものを予防警察，発生後にするものを鎮圧警察ということもある。

(4) 高等警察と普通警察

高等警察は，フランス法に起源を有する語で，個人の安全を保護する警察に対して，国の安全を保護する警察，すなわち政治警察を意味する。政治結社，政治的集会，選挙運動の取締り，政治思想・政治犯の監視などがこれに属する。戦前においては，国体（＝天皇制）と私有財産制が特に高い価値を有するものとされ，これを保護する警察は特に特別高等警察（＝特高）と呼ばれていた。普通警察は高等警察以外の警察をいう。

(5) 市民警察と警備公安警察

　市民警察は個人の生命,身体および財産の保護を任務とする警察で,いわば市民一人一人の安全の保護を図る警察である。これに対し,警備公安警察とは治安および政治体制の維持を図る警察で,政治警察ともいう。戦前の特高が警備公安警察として甦ったと見られている。

(6) 国家警察と地方警察

　国家警察は国の権能に属する警察を意味し,地方警察は地方団体の権能に属する警察を意味する。現行法上,完全な意味における地方警察に当たるものは存在しない。ただ,都道府県の区域内の警察は,都道府県の公安委員会が国家公安委員から独立して運営するものとされている。しかし現実には,日本の警察は警察庁を頂点として中央集権化されているといってよい。

第2章　警察の組織はどうなっているか

Ⅰ　国家公安委員会

(1) 国家公安委員会の構成

　国家公安委員会は国の警察の最高機関である。内閣府の外局として，警察法によって設置された一種の行政委員会である。内閣総理大臣の所轄の下にあり，委員長および5人の委員をもって構成される。

　委員長は国務大臣をもって充てる。委員長は国家公安委員会を代表する。委員は，任命前警察または検察の職務を行う職業的公務員の前歴のない者のうちから，内閣総理大臣が両議院の同意を得て任命する。委員の任期は5年である。

(2) 任務および所掌事務

　国家公安委員会は，国の公安に係る警察の運営をつかさどり，個人の権利と自由を保護し，公共の安全と秩序を擁護することを任務とする（警5条1項）。国家公安委員会は，その任務を達成するため，警察庁を管理する（同2項）。主な事務を挙げると次の通りである。

① 規則の制定　　国家公安委員会は，その所掌事務について，法律，政令または内閣府令の特別の委任に基づいて，国家公安委員会規則を制定することができる（同12条）。

② 国の公安に係る警察運営　　例えば，民心に不安を生ずべき大規模な災害に係る事案についての事務，地方の静穏を害するおそれのある騒乱に係る事案についての事務（同5条1項4号）などである。

③ 広域組織犯罪などに対処する警察の態勢に関する事務　　広域組織犯罪とは，例えば，全国の広範な区域において個人の生命，身体および財産ならびに公共の安全と秩序を害し，または害するおそれのある事案，国外において日本国民の生命，身体および財産ならびに日本国の重大な利益を害し，または害するおそれのある事案についての事務（同6号）をいう。

④ 警察教育・警察通信・犯罪鑑識等に関する事項を統轄し，ならびに警察行政に関する調整を行うこと（同5条1項）

(3) 評 価

わが国の警察は国家警察である警察庁とこれを管理する国家公安委員会を中軸の機関として構成されている。しかし、平成7年の地下鉄サリン事件、警察庁長官狙撃事件などの重大な事件の発生、警察官による犯罪などの不祥事の多発、生命・身体の保護を求める個人への対応の軽視による殺人事件の発生などは、警察体制ないし国家公安委員会の抜本的見直しを迫るものとなった。しかし国家公安委員会の機能不全、国家公安委員会と警察庁の関係に関する抜本的な改革は実現されていない。

Ⅱ 警 察 庁

(1) 警察庁の組織

警察庁は、国家公安委員会に置かれる警察行政に関する国の行政機関である（警15条）。警察庁の長は警察庁長官とし、国家公安委員会

国の警察組織（平成23年度）

資料：警察白書（平成23年度）より

が内閣総理大臣の承認を得て，任免する（同16条1項）。警察庁長官は，国家公安委員会の管理に服し，警察庁の庶務を統括し，所部の職員を任命し，その服務についてこれを統督し，ならびに警察庁の所掌事務について，都道府県警察を指揮監督する（同3項）。

(2) 所 掌 事 務

警察庁にはその所掌事務を遂行するため内部部局が置かれる。内部部局は長官官房および生活安全局，刑事局，交通局，警備局，情報通信局の5局で構成され，刑事局に組織犯罪対策部，警備局に外事情報部が置かれる（警19条）。

① 長官官房　長官官房に1総括審議官，1政策評価審議官，5審議官（うち2人は，関係のある他の職を占める者），1技術審議官，5参事官，1首席監察官が置かれる。さらに長官官房に，総務課，人事課，会計課，給与厚生課および国際課の5課と国家公安委員会会務官1人が置かれる。

② 生活安全局　生活安全局に，生活安全企画課，地域課，少年課，保安課，情報技術犯罪対策課の5課および生活経済対策管理官1人が置かれる。

③ 刑事局　刑事局に，刑事企画課，捜査第1課，捜査第2課の3課および犯罪鑑識官1人が置かれる。

④ 交通局　交通局に，交通企画課，交通指導課，交通規制課および運転免許課の4課が置かれる。

⑤ 警備局　警備局に，外事情報部のほか，警備企画課，公安課，警備課の3課が置かれ，外事情報部に外事課，国際テロリズム対策課が置かれる。

⑥ 情報通信局　情報通信局に，情報通信企画課，情報管理課，通信施設課，情報技術解析課の4課が置かれる。

⑦ 付属機関　警察庁の付属機関として，警察大学校，科学警察研究所および皇宮警察本部がある。

(3) 地 方 機 関

警察庁の下に，全国を東北・関東・中部・近畿・中国・四国・九州の7警察管区に分かち，各管区に地方機関として管区警察局が置かれる。東京都と北海道の区域は，管区警察局の管轄外とされ，必要に応じて，警察庁が直接指揮監督等を行う。そのほか，地方機関として，東京都情報通信部と北海道警察情報通信部が置かれる。

管区警察局に局長が置かれる。管区警察局長は，管区警察局の事務

を統括し，所属の警察職員を指揮監督し，長官の命を受け，管区警察局の所掌事務について，府県警察の指揮監督をする（警31条）。

管区警察局に総務監察部，広域調査部，情報通信部が置かれる。ただし，関東管区警察局にあっては総務監察部に代えて総務部および監察部が，東北管区警察局・中国管区警察局・四国管区警察局にあっては総務監察部および広域調査部に代えて総務監察・広域調査部が置かれる。

(4) 職員および定員

警察庁に，警察官，皇宮護衛官，事務官，技官その他の職員が置かれる。警察庁の職員の定員は，警察官が2,037人，皇宮護衛官が900人，一般職員が4,795人で，合計7,732人である（平成23年4月現在）。警察官のうち，国家公務員Ⅰ種試験に合格した者をいわゆるキャリアという。

Ⅲ　都道府県警察

(1) 都道府県公安委員会

都道府県に，都道府県公安委員会が置かれる。

都道府県公安委員会は，都，道，府および指定市（政令指定都市）を包括する県にあっては5人，指定県以外の県にあっては3人の非常勤の委員をもって組織される。都道府県公安委員会は都道府県警察を管理し，その権限に属する事務に関し，法令または条例の特別の委任に基づいて，都道府県公安委員会規則を制定することができる（警38条）。

委員は，任命前警察または検察の職務を行う職業的公務員の前歴のない者のうちから，都道府県知事が，都道府県の議会の同意を得て，任命する。任期は3年。職務上の義務違反その他委員たるに適しない非行があるなどの場合に，都道府県の議会の同意を得て，罷免することができる（同39条，40条，41条）。

(2) 都道府県警察

都道府県警察は都道府県の自治事務（自治2条8項）であって，都道府県公安委員会が国の機関として行う事務ではない。経費は，原則としてその都道府県が支弁するが，国庫が直接支弁する場合と補助する場合がある。

① 警視庁，道府県警察本部，方面本部および市警察部

都道府県公安委員会の下に，東京都に警視庁，道府県に道府

県警察本部が置かれ、警視総監および警察本部長がそれぞれを統括し、その下に警察署が置かれる。ただし、特例として、北海道はその区域を5以内の方面に分かち、各方面に方面公安委員会および方面本部が置かれ、また指定市には市警察部が置かれる（警47条以下）。

i 警視庁

警視庁は、政治、外交の中心である首都の警察の中央実施機関であるという特別の地位を占めている。したがって、都警察には警視総監が置かれ、それは警察官（長官を除く。）の最高の階級にあり、国家公安委員会が都公安委員会の同意を得た上、内閣総理大臣の承認を得て、任免される（同62条、49条）。

ii 道府県警察本部

道府県警察本部は道府県警察の中央実施機関である。

警視庁および道府県警察本部の内部組織は、警視庁は9部、指定府県の警察本部は8部、道の警察本部は7部を原則とする。

道府県警察本部長は、国家公安委員会が道府県公安委員会の同意を得て任免する。道府県警察本部長の多くは、警察庁のキャリアによる派遣によって占められている。

警視総監および道府県警察本部長は、それぞれ、都道府県公安委員会の管理に服し、警察庁および道府県本部の事務を統括し、所属の警察職員を指揮監督する。また、方面本部長および市警察部長も同様である。

iii 警察署および派出所・駐在所

都道府県の区域を分かち、各地域を管轄する警察署が置かれる。平成23年4月1日現在、47都道府県に1,181の警察署が置かれている。警察署長は、警視総監・警察本部長・方面本部長または市警察部長の指揮監督を受け、その管轄内における警察の事務を処理し、所属の警察職員を指揮監督する（同53条）。

都道府県公安委員会規則により、警察署の下部機構として、交番その他派出所または駐在所を置くことができる。交番は全国に約6,500ヵ所、駐在所は約8,700ヵ所（平成5年4月現在）設置されている。駐在所は住宅が付属して巡査が単独で勤務し、派出所は2人以上の警察官が交代で勤務するものであるが、警部・警部補もしくは巡査部長の派出所は、通常住宅が付属して、管内の駐在所および巡査派出所を指揮監督する。

平成5年12月1ヶ月間の全国の交番等に寄せられた困りごとなどの相談件数は, 29万562件で, 相談内容は, 身の上, 結婚・離婚, 金銭貸借, 土地家屋・物品の取引, 危険・犯罪防止などであった。また, 平成22年には, 警察相談専用電話, 全国統一番号の「#9110」番によるものを含めて相談取扱件数は, 139万8,989件に上っている。

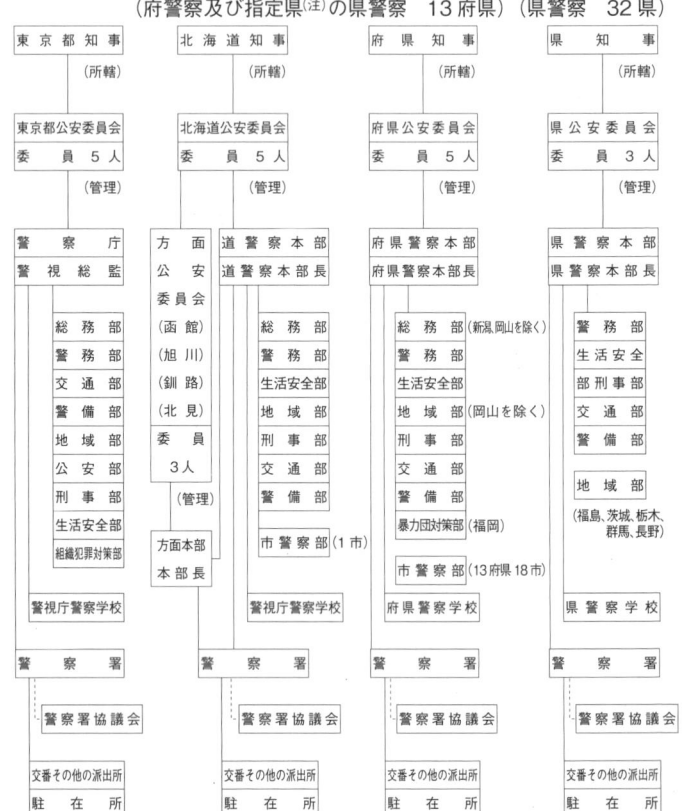

注：地方自治法第252条の19第1項の規定により指定する市を包括する県。
平成23年4月1日現在の指定県は、宮城、埼玉、千葉、神奈川、新潟、静岡、愛知、兵庫、岡山、広島及び福岡である。
警察白書（平成23年版）より

iv 警察署協議会

警察署に，特別の事情がある場合を除き，警察署協議会を置くものとする。警察署協議会は，警察の事務の処理に関し，警察署長の諮問に応じるとともに，警察署長に対し意見を述べる機関とし，その委員は都道府県公安委員会が委嘱する（同53条の2）。警察署協議会は，平成22年6月現在，1,181署に設置され，総委員数1万673人である。

なお，警察は，地域の警察活動を補完するものとして，各地域に防犯協会を設け，その活動を積極的に指導・援助している。防犯連絡所は，平成5年度までに全国68万2,471ヵ所（63世帯につき1ヵ所）設置されている。

② 職員および定員

都道府県警察に，警察官，事務吏員，技術吏員その他所要の職員が置かれる。警視総監・警察本部長および方面本部長以外の警視正以上の階級にある警察官は，国家公安委員会が都道府県公安委員会の同意を得て任免し，その他の職員は，警視総監または警察本部長が，それぞれ，都道府県公安委員会の意見を聞いて，任免する（同55条）。

i 地方警務官

都道府県警察の職員うち，警視正以上の階級にある警察官を地方警務官という。地方警務官は一般の国家公務員（ノンキャリア幹部）とし，その他は地方公務員（ノンキャリア）とする。都道府県警察本部長，東京，大阪においては警察本部の課長以上および主要な警察署長は，警察庁派遣の国家公務員（キャリア）である。地方警務官の定員は628人（平成23年度）である。

ii 地方警察職員

地方警察職員は，地方警務官以外のすべての警察職員であって，その定員は各都道府県別に条例で定める。平成23年度の地方警察官の定員は，都道府県合計25万5,991人であり，警察官以外の一般職員が2万8,388人である。

また，全国の都道府県警察には，女性の警察官約1万6,700人（育児休業中のものを含む。），一般職員約1万1,900人が勤務し，そのうち警部以上の階級にある女性警察官は190人である（以上，平成23年4月1日現在）。

Ⅳ 警察職員

(1) 警察官の階級

警察官（長官は除く）の階級は，警視総監，警視監，警視長，警視正，警視，警部，警部補，巡査部長および巡査とする（同62条）。警察官は，上司の指揮監督を受け，警察の事務を執行する（同63条）。司法警察との関係では，捜査の主体となる警察官を司法警察職員といい，通常，司法警察職員は巡査部長以上を司法警察官，巡査を司法巡査という。

皇宮警察官の階級は，皇宮警視監，皇宮警視長，皇宮警視正，皇宮警視，皇宮警部，皇宮警部補，皇宮巡査部長および皇宮巡査とする。皇宮警察官は上官の指揮監督を受け，皇宮警察の事務を執行する。

(2) 警察官の職権行使

警察官は実力を行使する権限を有する執行機関である。

① 現行犯人に関する職権行使

警察官は，いかなる地域においても，現行犯人の逮捕に関しては，警察官としての職務を行うことができる（同65条）。この場合の現行犯人の逮捕は，職務上の上司の指揮監督を受けていないから，例外的に認められている措置であり，逮捕した犯人はこれをその都道府県警察の機関に引き渡すことになる。

② 移動警察に関する職権行使

警察官は，2以上の都道府県警察の管轄区域にわたる交通機関における移動警察については，関係都道府県警察と協議して定めたところにより，その関係都道府県の管轄区域において，職務を行うことができる。また2以上の都道府県警察の管轄区域にわたる自動車道等における交通の円滑と危険の防止を図るため必要があると認める場合についても，同様である（同66条）。移動警察とは，列車・電車・船舶・バス等の交通機関や自動車を利用する犯罪に対して，これらの船車により警察活動を行うものをいう。移動警察の場合，これと関連して必要ある限度で，駅または港湾・高速自動車道等の施設の構内にも権限を及ぼすことができる。

Ⅴ その他の組織

(1) 海上保安庁

海上保安については，国土交通大臣の管理する外局として，海上保安庁が置かれる。海上保安庁は，海上における法令の励行，海難救助，

海洋汚染の防止，海上における犯罪の予防および鎮圧，海上における犯人の捜索および逮捕，海上における船舶交通に関する規制，水路・交通標識に関する事務その他海上の安全および治安の確保を図ることを任務とする (海保2条)。

海上保安庁の長は海上保安庁長官である。全国および沿岸水域を海上保安管区に分かち，海上保安管区ごとに管区海上保安部が置かれ，海上保安庁の所掌事務が分掌される。海上保安庁に海上保安官および海上保安官補が置かれ，海上における犯罪について，刑事訴訟法の規定による司法警察職員として職務を行う (同10条以下)。

平成23年現在，海上保安庁の定員は，12,636人，うち510人の女性職員が勤務している。管区海上保安部の地方部署には11,044人，巡視舟艇・航空機等には5,934人の職員が配置されている。

(2) 消防庁・消防署および水害予防組合・水防団など

消防については，総務省の外局として消防庁が置かれ，消防庁が消防に関する制度の企画および立案，消防に関して広域的に対応する必要のある事務などを掌る。消防庁の長は消防庁長官である。消防の実務は市町村長が担当するが，消防庁に対して独立で，ただ必要に応じて消防庁長官の勧告・助言または指導を受ける。市町村は，消防事務を処理するため，消防本部，消防署，消防団の全部または一部を設けなければならない (消防組織法)。

平成22年4月1日現在，全国に802消防本部，1,716消防署が設置されており，消防職員は15万8,809人で，うち女性職員は3,646人である。また全国消防団数は，2,275団，消防団員数は88万3,698人である。

水防は，水防予防組合・市町村水防事務組合または市町村が担当し，水防団を置いてこれを掌る (水防法第2章)。

(3) 麻薬取締官・麻薬取締員

麻薬取締については，厚生労働省に麻薬取締官 (麻薬Gメン) を置き，厚生労働省の職員のうちから，厚生労働大臣が任命する。麻薬取締員は都道府県知事が都道府県の職員のうちから任命する。麻薬取締官の定数は平成21年，240人であり，麻薬取締員は，以前は政令により，東京都8人，大阪府・兵庫県6人，神奈川県・愛知県5人，北海道・福岡県4人，その他2人となっていたが，現在は地方分権により各都道府県が必要とする人数を任命することになった (麻薬54条)。

(4) 公安審査委員会・公安調査庁

① 公安審査委員会

法務省の外局で，破壊活動防止法の規定により公共の安全の確保に寄与するため，破壊的団体の規制に関する審査と決定の事務を掌る。委員長と6名の委員により構成され，独立して職権を行使する。
② 公安調査庁
　法務省の外局で，破壊活動防止法の規定による破壊的団体の規制に関する調査および処分の請求等に関する国の行政事務を所轄する。公安調査庁の長は公安調査庁長官である。内部部局として総務部，調査第1部，調査第2部，地方支分局として全国8ヵ所に公安調査局，県庁所在地を中心に37ヵ所に公安調査事務局が置かれ，破壊的団体の規制等に関する必要な調査に携わる者として公安調査官が置かれている。
　公安調査官の定員は，平成22年度，1,533人である。

(5) 入国管理局・入国審査官・入国警備官
① 入国管理局
　出入国の管理，外国人の在留，難民の認定，外国人の登録等に関する事務を行うため，法務省に置かれる内部部局である。さらに，地方支分局として札幌，仙台，東京，名古屋，大阪，広島，高松，福岡など8入国管理局が設けられている。
② 入国審査官
　入国管理局に付属する行政職または指定職の国家公務員である。外国人の上陸または退去強制についての審査および口頭審理，収容令書または退去強制令書の発布，これらの書類の発布を受けて収容される者の仮放免ならびに難民の認定に関する事実の調査，日本人の出帰国確認を行うことを職務とする。入国者収容所（大村入国管理センター＝大村市，東日本入国管理センター＝牛久市，西日本入国管理センター＝茨木市）および地方入国管理局に置かれる。
③ 入国警備官
　入国管理局に付属する公安職の国家公務員である。不法入国，上陸および不法在留に関する違反事件の調査・摘発，収容令書または退去強制令書を執行するための収容，護送および送還等を行うことを職務とする。入国者収容所および地方入国管理局に置かれる。入国審査官および入国警備官は，その職務を行うに当たり，武器を携帯することができる。

(6) 労働基準監督官

労働基準法の施行のため労働基準監督機関に置かれる国家公務員である。事業場への臨検，帳簿・書類の提出要求，関係者の尋問等の権限を有するほか，労働基準法違反の罪について刑事訴訟法に規定する司法警察官の職務を行う。

(7) 国税庁監察官

国税庁に置かれる国家公務員である。国税庁の職員について職務上必要な監察を行い，職務に関する犯罪等について捜査を行い，必要な措置をとることを職務とする。

(8) 鉄道警察隊

昭和62年の国鉄の民営化に伴い，国鉄公安職員が廃止された代わりに，鉄道施設の警戒・警備，公安の維持などの業務を行うもので，各都道府県警察に設置されている。ただし沖縄県警にはない。鉄道警察隊員は約2,000人である。なお，郵政監察官は廃止された。

(9) 社団法人・財団法人

警察の活動に協力する社団法人または財団法人として，都道府県交通安全活動推進センター，全国交通安全活動推進センター，交通事故調査分析センター，都道府県風俗環境浄化協会，都道府県暴力追放運動推進センター，全国暴力追放運動推進センター，その他多数の法人があり，警察OBの天下り先となっている。

(10) 警 備 業

警備業とは警備業務を行う営業であり，警備業務とは，ⅰ事務所，住宅，興行場，駐車場，遊園地等における盗難の防止等の物的保護（＝施設警備），ⅱ人・車両が雑踏する場所またはこれらの進行の危険な場所における負傷等の事故の発生を警戒・防止をする人的保護（＝雑踏警備，交通誘導警備，ボデーガード），ⅲ現金，貴金属，美術品等の盗難を防止する輸送保護に関する業務で他人の需要に応じて行うもの（＝現金輸送警備）をいう。警備業の業者数は，平成21年に8,998で，警備員数は54万554人に達している。その活動はビデオカメラによる監視活動や情報活動にも及んでいる。警備業の拡大・強化は，公共の安全と秩序（治安）の維持における国家の独占的な責務と警察の民営化および警察と警備業との協働関係という問題を提起している。

第3章 警察はどのような責務を負うか

I 責務規範

　責務（Aufgabe）とは，一般的には，責任と義務の意味であり，責任をもって果たすべき職務という意味に理解されている。伝統的理解によれば，管轄規定ないし責務規範と授権根拠規定ないし具体的な権限規定とは厳格に区別しなければならない。行政主体または行政庁の責務規定は，単に行政主体または行政庁が一定の職務に取り組むことができる，あるいは，そのような職務が自己の権限範囲（守備範囲）に属することを述べたものにすぎない。国民や住民に対する個別的・具体的な権限行使は，そのための具体的な法令または条例の根拠があって初めて可能であり，許容される。

　しかし現代的な理解によれば，責務は，任務・自律性・就任義務という3要素によって構成される観念であり，責務規定は，立法者の行政に対する一定の職務活動の委託を定めた規範であって，この委託は，委託の範囲内での行動のための就任の義務付けであることを意味する。このように理解すれば，行政は，割当てられた職務について活動をしない自由＝職務放棄は認められず，活動するかしないかについて全く自由な判断により，それを決定することはできないことになろう。

II 警察法2条1項の法的性格

　警察法2条には（警察の責務）という条文見出しが付けられ，その1項は，「警察は，個人の生命，身体及び財産の保護に任じ，犯罪の予防，鎮圧及び捜査，被疑者の逮捕，交通の取締その他公共の安全と秩序の維持に当たることをもってその責務とする。」と規定されている。警察法2条1項の法的性格については，いろいろの見解が主張されている。
① 組織規範説
　警察法2条1項は，警察の任務を定めた組織規範である。
② 一般的根拠規範説
　警察法2条1項は，単なる組織規範ではなく，警察活動の一般

条項ないし一般的根拠規範たる機能も有している。これが警察実務の通説である。
③ 責務規範説
　警察法2条1項は，公権力の行使の直接の根拠規範ではないが，警察機関に法的責務を負わせるものであり，一定の場合には警察法2条1項の規定によって，権限行使が積極的に義務付けられ，個人の生命，身体および財産の保護等に関し，警察官は権限不行使の完全な自由を持たない。
④ 私　見
　警察の責務に関する警察法2条1項の規定は，警察の責務を実現するために個人の権利，自由および財産を制限し侵害することのできる具体的権限について規定したものではない。個人の自由や権利を制限し侵害する警察の措置については，法律の留保の原則により，責務規定や一般条項による授権ではなく，法律の個別具体的な権限規定による特別の授権が必要である。それが，いかなる場合にいかなる権限を行使することができるかについて規律する権限（Befugnis）規定である。警察法2条1項の規定は，警察の権限行使の法律上の直接の根拠規定にならない。しかし，命令・強制を伴わない非侵害的な警察措置については，それが警察の責務領域の範囲内にあれば，個別具体的な権限規定がない場合にも，法的に許容されるということができる。
　要するに，警察法2条1項は，警察の職務放棄を許さず，警察の職務一般を抽象的に義務付ける職務領域を示す規定であるといえよう。

Ⅲ　警察の保護対象（守備範囲）

(1) 責務領域

警察の活動は，次の責務領域に限られ，それを保護対象（守備範囲）とする。
① 個人の生命，身体および財産の保護
　民主的警察は，個人の生命，身体，自由および財産の保護を最優先の責務とするものでなければならない。立憲君主制の学説は，警察の主たる責務は公共の安全と秩序に対する危険の防止であるとし，公共の安全と秩序の維持を前面に出し，個人の生命，身体および財産の保護は，すでに「公共の安全と秩序」の中に含まれ

ているものとして，それを後退させた。それに対し，民主制憲法における学説は，警察の主たる任務は犯罪，災害その他のリスクから個人の生命，身体および財産を保護することにある，としている。

しかし，あらゆる私権が警察の保護対象になるものでもない。私権の保護は，主として，司法裁判所およびその強制執行機関の責務であるから，そのような場合には，警察の権限行使は補充的にのみ行使される。例えば，債務者が債務を履行しないために債権者が権利保護を求める場合，裁判所の権限に対し，警察の個人保護の責務は補充的なものにすぎない。しかし警察は司法の領域から完全に排除されるのではない。すなわち，権利者の申請があり，適時に裁判所の権利保護が不可能で，警察の援助なしには権利の実現ができないか非常に困難になる場合には，私権の保護は警察の責務となる。この場合，民事不介入の原則は働かない。

② 犯罪の予防，鎮圧および捜査，被疑者の逮捕

警察法は，犯罪の予防を警察の責務とすることによって，警察の活動領域を著しく拡大した。例えば，不良少年の指導，国民に対する防犯指導，さらに過激グループ・テロ行為・ハイジャック・麻薬の密輸取締り・組織的密入国などの犯罪の予防のために，監視員・諜報員の活用，情報や鑑識資料の収集・保管・蓄積などが行われる。

犯罪の鎮圧・捜査，被疑者の逮捕等は司法警察（刑事警察）に属する。刑事訴追のための警察の活動は，個人の生命，身体，自由および財産に対する危険防止とともに，警察の重要な責務である。危険防止と刑事訴追という二つの機能とその適切な処理は，警察の活動がノーマルな状態にあることを示すものである。

③ 交通の取締

交通の取締りとは，道路における危険防止，交通に関する安全と円滑を維持するための活動で，警察が道路交通を監視・管理し，交通規制の遵守を点検する措置の総体をいう。交通取締りは，交通の安全を改善し，交通事故を予防し，交通公害を緩和すべきものであり，交通の取締りによって，交通の安全と秩序が維持され，回復されまたは高められなければならない。交通の取締りには，交通規制，交通指導，交通事故対策および交通安全教育・運動が含まれる。

④ 公共の安全と秩序の維持

公共の安全とは,個人の生命・健康・自由・財産および国・地方公共団体とその施設の存立・運営が無傷であることを意味する。公共の安全の主要な問題は,道路交通の安全と円滑,食料品の流通における消費者保護,伝染病からの保護,環境の保護,地震・土砂崩壊・津波・台風・高潮・洪水などによって生じる被害に対する対策,原発など科学技術施設の危険に対する保護などである。それは,通常の場合,憲法,法律および条例等の遵守ないし適正な執行によって確保されるが,公共の安全の保護は,とくに法的に保護された利益に対する不法な侵害について行われなければならない。

公共の秩序とは,不文の秩序観念の総体であって,その遵守が社会共同生活の不可欠の前提であると考えられるものをいう。伝統的な公共の秩序という観念は,社会生活の法的秩序という観念が完全でなかった時代に法秩序を補完する役割を果たした。しかし,それは民主制的法治国原理に適合するものではない。公共の秩序は,「公共の安全と秩序」という慣用語として使用されているが,独自の法的意義ないし機能を有するものではないということができよう。

(2) 危険防止

警察の主要な責務は危険防止である。危険とは損害発生の虞があることをいい,予測される損害の範囲と強度および損害発生の蓋然性という2つの要素によって定まる。

警察は,公共の安全を脅かす危険を防止し,個人の権利,法益および法規範の存立を保護することを目的とする。したがって,国民の福利増進は警察の責務ではない。しかし危険防止は,建築,営業,衛生,環境などに関する規制のように,一般行政機関が行う秩序行政に関連し,単なる危険防止を超え,社会経済的諸関係への積極的な干渉のための事前の危険予防として,機能する。ここでは,消極的な危険防止 (Gefahrenabwehr) と積極的な危険予防 (Gefahrenvorsorge) の関連・接合が重要であり,それは警察権限の拡大・強化となる。

警察法2条2項前段は,「警察の活動は,厳格に前項の責務に限られるべきものであって,……」と規定している。最近の,風俗営業等の規制及び業務の適正化等に関する法律および暴力団員による不当な行為の防止に関する法律・暴力団排除条例等は,部分的に,「警察の

責務」をはみ出している疑いがある。
 (3) **権力行使と権力濫用の防止**

　伝統的学説によれば，命令・強制という権力手段は警察の核心的要素であった。しかし現代福祉国家においては，警察は警察目的を達成するために多種多様な非権力的活動を行い，警察活動が市民生活に浸透することが求められる傾向にある。例えば，ⅰパトロール，通報の受領，緊急電話・警察専用相談電話への対応，交通の監視，ⅱ道路の障害物の除去，行方不明者の捜索，テロの仕掛けた爆薬物の探索など非権力的な措置による危険の除去，ⅲ個人的なプライバシーを侵害しない情報収集，ⅳ警察の責務に関する広報活動などをあげることができる。

　しかし，警察の非権力活動の多様化・拡大化は，命令・強制という権力手段を核心とする警察の本質を変えるものではない。権力行使は濫用されてはならない。警察がその責務を遂行するに当たっては，日本国憲法の保障する個人の権利および自由の干渉にわたる等その権限を濫用することがあってはならない（警2条2項後段）。

第4章　警察の活動についての基本原則

Ⅰ　法治主義

　法治主義は，君主主義および警察国家の恣意的な支配に対する闘争概念として登場した。法治主義をとる国を法治国家という。民主制法治国家は，何よりも警察が憲法および法律に従い，国民の基本的人権が確保されなければならないことを要請する。
　法治主義は，法律の優位の原則と法律の留保の原則とに具体化される。

(1) 法律の優位の原則

　法律の優位の原則とは，憲法を含む法律がすべての規律に優先し，行政は法律に違反してはならないことである。これはすべての種類の警察活動について適用される。これを別の面から言えば，それは警察に対して法律の適用を強要し，法律からの逸脱を禁止することである。警察は法律を執行する義務を負う。警察は，法律が憲法に違反すると考える場合にも，法律の執行を拒否することができない。

(2) 法律の留保の原則

　法律の留保の原則とは，特定の行政活動は明示の法律の根拠（授権）がある場合およびその範囲でのみ許されるという原則である。法律の留保の原則の適用範囲については，いろいろの見解が主張されているが，実務は伝統的に侵害留保説をとっている。したがって，警察の活動が国民の権利や自由を制限し，侵害する場合，その活動については法律の根拠（授権）が必要であり，その場合，警察の根拠となる法律の規定は組織規範や責務規範ではなく，いかなる場合にいかなる権限を行使することができるかについて規律する具体的な権限規定でなければならない。
　しかし今日では，侵害の概念が拡張され，直接的な権利侵害だけでなく，第三者に対する間接的な事実上の侵害も問題となる。私人に対する指導，勧告，調査事実の公表，救急業務への協力要請など非権力的であるが侵害的な内容の活動が，法律の根拠なしに，警察が自由にできるものかどうか慎重な考慮が必要であろう。

Ⅱ 警察便宜主義

警察は危険防止のため警察権を発動する権限を有するが,危険防止の実効性という理由から,警察法は警察機関に広範な裁量権を与えている。それは,危険防止のために介入すべきかどうか,いつ,どのような介入をすべきかについての一体としての裁量決定である。これを警察便宜主義(Opportunitätsprinzip)という。しかし警察は,警察便宜主義によって,その職務の怠慢・放棄を許容されているのではない。

(1) ドイツの状況

① 制限された便宜主義

警察便宜主義は,ドイツ法の下で,形成された。1794年のプロイセン一般ラント法第2部第17章第10条は,「警察の責務は,公共の安寧,安全及び秩序を確保し,並びに公衆又は各個人に対する差し迫った危険を防止するために,必要な措置をとることである。」と規定していたが,この規定は当初は授権規範であるとは考えられていなかった。1876年に,プロイセン上級裁判所が,その規定は,いかなる要件の下に,いかなる目的で,警察が介入することができるかを規定したものであるという判断を示した。しかし問題は,むしろ,介入のための要件が存在する場合に,行動する義務も負うことになるかどうかどうかという点にあった。W・イエリネックは,有害性の限界という理論を主張し,「警察が介入しなければならない点と,もはや介入することが許されない点がある。第1の点が有害性の限界であり,第2の点は過剰の限界である。」といい,例えば公道で他人の生命に危険のあるリュージュ滑りをしているときには,警察が介入しないことは許されず,さもないと警察は職務義務に違反し,被害者は損害賠償請求権を主張できるとした。

その後,1931年のプロイセン警察行政法第14条1項は,「警察官庁は,現行法の範囲内において,公共又は個人に対し,公共の安全又は秩序を脅かす危険を防止するために,義務にかなった裁量により,必要な措置をとらなければならない。」と規定した。第2次世界大戦後の1952年の連邦通常裁判所は,警察が手段を選択する場合だけでなく,警察がそもそも介入するかどうかを決定する場合にも,原則として便宜主義が妥当するとした。しかし,警察の不行為が有害になり始めたときは,警察は介入しなければ

ならず，拱手傍観のために裁量を援用することはできないとも判示した。これがその後の指導的判決となり，特別な事情がある場合には警察介入の義務が成立するという「制限された便宜主義」が妥当することになったのである。
② 裁量収縮論
　「制限された便宜主義」という連邦通常裁判所の考え方は，連邦行政裁判所によって受容され，さらに「裁量収縮論」(Ermessenreduzierung od. Ermessenschunmpfung auf Null) という新しい表現の下に展開されることになった。連邦行政裁判所は，1960年の帯鋸判決で，「警察の裁量は，警察の主要な責務，すなわち公共の安全と秩序の維持に従って行使されなければならない。……法的瑕疵なき裁量にとっては，他の事情とともに，妨害又は危険の範囲若しくは強度も決定的な意義を有するということができる。妨害又は危険の強度が高い場合には，行政庁の不介入の決定は，具体的事情の下では，それだけで裁量の瑕疵あるものと考えることができる。したがって，法的に与えられた裁量の自由には，実際は，唯一の裁量の瑕疵なき決定，すなわち介入の決定のみが考えられ，せいぜい介入のWieについて使用できる行政庁の裁量の余地が残っているように収縮することになる。この特別の要件の下では，単に行政の裁量の瑕疵なき決定を求めるだけの法的請求権は，実際の結果においては，特定の行政の行為を求める厳格な法的請求権と同等になりうるのである。」と判示し，これが裁量収縮に関する指導的判決となった。
　その後の連邦行政裁判所の判例は，危険の重大性または強度を基準にして裁量収縮を認定するものとして展開された。これに対し学説は，生命，健康，自由，財産など重要な法益が直接危険に曝されているとき，著しい損害が差し迫って警察の不作為が裁量の瑕疵となるときは，決定裁量は，警察の介入義務が成立するように収縮することを基本的に承認した。とくに1970年代には，中程度の重要な危険または妨害の場合にすでに警察の不作為が裁量の瑕疵あるものとなり，個人のあまり重要でない法益の危険の場合にも裁量収縮が考えられるというように，危険の重大性または強度という要件を緩和する傾向にあり，80年代には，行政庁のあらゆる種類の危険に対する消極的態度による裁量収縮論へと発展し，同時に，それは国家賠償請求権を成立させるだけではなく，

義務付け訴訟をもって特定の行政の行為を行政裁判上請求できるものへと進化した。

(2) わが国の法的状況
① 裁量収縮論

わが国の裁量収縮論は、1970年代に、ドイツの理論を継受したが、当時の最新の理論ではなかった。それは権限の不行使を違法とする理論として展開された。2つの問題点がある。1つは、裁量収縮が成立する要件が厳格すぎることであり、もう1つは、単に国家賠償法による被害者救済のための法理として消極的裁量濫用論に変形したことである。

いかなる要件を満たした場合に裁量はゼロに収縮するか。通説によれば、裁量が収縮する「特別の具体的事情」というのは、ⅰ生命、身体、財産に重大な損害をもたらす危険があり、ⅱこうした危険が行政側の権力行使によって容易に阻止でき、かつ、ⅲ民事裁判その他被害者側に、危険回避の手段や可能性がない場合である。下級審判例は、裁量収縮の要件として、ⅰ被侵害法益の重要性、ⅱ予見可能性、ⅲ結果回避可能性、ⅳ期待可能性などの基準の存在が必要であるとしている（東京高判昭52・11・7判時857号17頁＝千葉県野犬咬死事件、東京地判昭53・8・3判時899号48頁＝東京スモン事件、大阪地判昭63・6・27判時1294号＝大阪府野犬咬死事件など）。

② 消極的裁量濫用論

最高裁は裁量がゼロに収縮するという考え方を認めない。最高裁は、規制権限の行使が裁量にゆだねられている場合、その不行使が「著しく不合理と認められるとき」は、裁量権の踰越・濫用に当たり、権限不行使が違法となるという判断を示している（最判平元・11・24民集43巻10号1169頁＝宅建法上の監督権限不行使事件、最判平7・6・23民集49巻6号1600頁＝クロロキン訴訟）。これを消極的裁量濫用論という。ここでは、裁量権そのものは否定されていない。最高裁は、警察の権限不行使について何らの客観的理由も存在しない場合に、単に違法を認定するだけでなく、正当化できない消極的態度を理由に、警察の裁量権そのものを否定すべきであろう。

Ⅲ 比例原則

比例原則は最も重要な裁量の限界となる原則であって、行政の措置が、追求する目的に対して、適合的で、必要で、適切なものでなければならないという原則である。それは雀を大砲で撃ってはならない（F. フライナー）という実践的な行動準則である。比例原則は、現行憲法の 13 条に根拠を有し、すべての国家権力の行使について適用される一般法原則である。

比例原則は 3 つの部分から成っている。すなわち行政の措置は、追求する目的に対して、適合的で、必要で、適切なものである場合、比例性があるということができる。適合的とは、選択した行政措置によって望ましい結果が達成できる場合であり、必要とは、複数の適合的な措置のうち、侵害が最小限度の措置をとるべきであるとするもので、必要最小限度の侵害の原則ともいわれる。さらに適切とは、侵害が追求した目的とその結果生じた法益とを考慮して、不当なものでない場合である。それらのうち、必要という基準が警察活動についての最も重要な限界である。

わが国において、警察比例の原則とは、警察は、公共の安全と秩序に対する障害の除去という警察目的を達成するために、必要な最小限度内においてのみ、人の自由を制限することができ、その限度を超えて人の自由を制限することは、法令に特にその旨の明示の規定のある場合のほかは、許されない、換言すれば、ⅰ警察権の発動し得るのは公共に対する障害がすでに発生した場合の外は、普通の社会見解においてその発生の蓋然性が認められる場合に限られる、ⅱその障害は社会上容認せられない障害であることを要する、ⅲ警察権の発動が許される場合であっても、障害を除くための手段は障害を除くために必要な最小限度に止まることを要する、というものである。

警察比例の原則の適用については、次のような問題点を指摘することができる。わが国の関心は、そもそも警察権を発動することができるかどうかという問題に集中し、権力行使の方法や権力行使の結果、とくに障害の除去による利益と障害の除去がもたらす不利益との比較衡量の問題には、学説・実務とも十分具体的な分析や検討を加えてこなかったということである。また、警察比例の原則のうち、必要最小限度の侵害という原則は最も重要な警察権に対する積極的な限界であるにもかかわらず、実際には、ほとんど機能しなかったということで

ある。例えば、サイレンを鳴らして逃走自動車を追跡するパトカーは過剰な権力行使となることが多いが、警察実務は大抵の場合追跡は適正な措置であったと強弁し、追跡が最小限度の措置であったかどうかの問題には言及しない。第三者からみると、サイレンを高く鳴らしての追跡は追い詰められた運転者の死亡事故を結果し、裁判手続なしに死刑を執行したかのように見える。

IV 警察権の限界の理論

伝統的な学説は、警察の活動についての基本原則として、警察権の限界の理論をあげ、その内容を警察消極目的の原則、警察責任の原則、警察公共の原則および警察比例の原則であるとし、これを不文の条理法であるとした。

(1) 警察消極目的の原則

通説は、警察権は原則として公共の安全と秩序の維持という消極目的のためにのみ発動されるべきであると主張してきた。しかし警察の観念について消極説に立つ以上、重ねて、警察消極目的の原則を警察権の限界の理論の内容とする必要はない。積極的に国民の福利増進のための活動も「警察」のであると解した場合に、警察消極目的の原則が理論的意義を有することになろう。

(2) 警察責任の原則

警察責任の原則とは、警察権は社会公共の安全と秩序に責任ある者にだけ発動することができ、その責任のない他の第三者に対しては、警察緊急権の発動の場合を除いて、発動することができないとする原則である。この原則は法治国的警察法の核心であり、誰が警察責任者であるかの問題は、法解釈論としても重要であるということができる。

(3) 警察公共の原則

警察公共の原則は、警察権は社会公共に直接関係のない私生活、私住所および民事上の法律関係には関与できないという原則である。ただし、私生活・私住所であっても、社会公共の安全と秩序に関係する限度で、警察の対象となる。私生活・私住所の保護は不文の条理法ではなく、現行憲法の原則である。また民事不介入の原則は不当に強調されすぎた嫌いがある。いわゆる「料金ごた」、「喧嘩ごた」、「車内暴力」、「家庭内暴力」、「地あげ屋の民事暴力」、「暴力団の民事介入」などの社会的強者による不当な強圧的・暴力的な行為については、警察は、社会的弱者の権利・利益の予防的保護と平和的ないし法的な解決

を求める社会的要請に対し，積極的に対応しなければならない。

(4) ま と め

　警察権の限界の理論は，立憲君主制の下での警察法規の不確定性ないし広範な自由裁量性に対し，条理法による制約を課すものとして機能すべき法理論であったということができる。警察消極目的の原則は警察権の限界を警察の観念に求めるものであるが，警察の活動の範囲は個別の法律の解釈によって定まるし，警察責任の原則も個別具体的な法令の解釈問題であり，警察比例の原則は憲法上の比例原則の具体化である。今や，警察権の限界の理論はその歴史的役割を終え，独自の存在意義を失ったというべきであろう。それにもかかわらず，警察比例の原則が強調されるのは，警察権の濫用を阻止するために，警察法の領域における比例原則が重要な機能を果たすことが期待されているという実際上の理由があるからである。

第5章　警察はどんな形で活動するか

　警察の責務を実現するための警察の活動は，これを2つの方法に区別することができる。権力的手段による場合と非権力的手段による場合である。伝統的学説が，命令・強制を手段とする権力活動のみを警察と称したのは権力手段による国民の自由および財産の侵害が，もっぱら行政法学ないし警察法学の関心の対象であったからである。警察の非権力的な事実上の活動は，行政学ないし警察学の対象になりえたとしても，法律上の権利義務関係を対象とする19世紀法律学が問題とするところではなかった。

　警察の権力手段には3つの主要な形式がある。警察下命，警察許可および警察強制である。警察強制には強制執行と即時強制があり，即時強制の特別の形式として武器の使用がある。

　警察の非権力手段としては，法律に定めがあるものとして，警告，勧告，救急業務，情報提供，講習，協力要請などがあり，法律に定めがないものとしては，道案内，救助，困りごと相談，助力者としての活動，興行における群集の整理，不良少年に対する注意・補導，パチンコ業者に対するプリペイドカードの導入指導などがある。

　以下には，権力手段について述べる。

I　行政処分

(1) 警察下命

　警察下命は警察法の領域における典型的な警察活動の法形式である。警察下命とは，警察目的のために作為・不作為・給付または受忍を命ずる行為をいう。いずれも事実上の自由を制限する行為で，そのうち，不作為を命ずるものを警察禁止という。警察禁止は警察下命の最も普通の形式である。

　警察下命の具体例としては次のようなものがある。

　許可等に付随するものとして，質屋および古物商に対する物品の保管命令・営業の停止命令，銃砲刀剣所持者に対する銃砲刀剣類の提出命令，飲食店営業の停止命令，店舗型性風俗特殊営業に対する指示・停止命令・廃止命令などがある。

　許可制度を前提としないものとしては，危険な事態における避難ま

たは危険防止のための措置命令，道路上の交通の危険防止のための通行の禁止，指示・応急措置等の命令，交通事故の場合の負傷者救護・危険防止のための指示・命令，暴力団に対する暴力的要求行為の禁止・暴力的要求行為の中止命令・暴力団事務所の使用制限・暴力団事務所での禁止行為の中止命令などがある。

(2) 警察許可

通説によれば，警察許可とは，警察下命をもって一般に禁止された行為について，特定の場合にその禁止を解除し適法にこれをなすことができるようにする行為をいう。したがって，警察許可は，一般的に警察禁止によって制限されていた自由を回復させる行為である。立憲主義的な伝統的理論によれば，許可の拒否は自由の侵害であり，したがって警察は，法令の明文により無条件に許可・不許可の権限を与えられている場合でも，許可を拒否すべき必要が認められない限り必ず許可を与えることを要し，また法令の許可基準を具備する場合でも，許可を拒否すべき公益上の必要があれば許可しない自由が認められ，要するに，警察許可は羈束裁量であるという。

しかし警察許可は，集会・結社の自由，表現の自由，営業の自由，建築の自由，交通の自由などの規制として行われているから，警察許可は，一般的な警察禁止を前提とするという理解は適切でない。むしろ法律において許可を要することが明文で規定されていない場合には，許可を必要としない自由が存在しているということができる。すなわち警察許可は，憲法で保障されている「自由」を前提として，一定の行為が法律の規制に違反していないかどうかについての警察による事前の予防的コントロールであると解すべきものである。

したがって，法律の許可要件を具備し，法律上の拒否事由が存在しない場合には当然に許可を与えなければならないし，法律が警察に裁量の余地を与えている場合でも，憲法が保障する「自由」に対立する裁量決定は自由の侵害であり，原則として，裁判所の全面的なコントロールを受けるというべきである。結局，許可を拒否できるかどうかの問題の解決は，伝統的理論による警察許可の性質からではなく，法律の規定そのものから生じるのでなければならない。伝統的理論による警察許可の前提についての理解は憲法適合的でないし，羈束裁量という概念は実定法の基礎を失ったのである。

警察許可の具体例としては，質屋営業の許可，古物営業の許可，風俗営業の許可，銃砲または刀剣類の所持の許可，自動車の運転免許，

道路使用の許可，道路通行の許可，集会・集団行進・集団示威運動の許可などがある。

Ⅱ 警察強制

警察強制とは，警察上必要な状態を実現するために実力をもって人に強制を加える活動をいう。警察強制には，強制執行と即時強制との2種があり，そのうち，強制執行は警察義務の成立を前提とし，義務者がこれを履行しないときに，その履行を強制する強制手段であり，その方法には代執行・執行罰・直接強制の3種がある。この3種は行政法の領域全般において行われる強制執行であるが，即時強制は警察に特有の強制手段である。以下，即時強制について述べる。

(1) 即時強制

即時強制とは，警察義務の成立を前提とせず，直ちに，人の身体，財産に実力を加え，警察の必要とする状態を実現する活動をいう。それは最も強烈な強制手段である。即時強制は，人の自由に対する直接または第1次の強制であり，基本的人権に対する侵害が著しい強制手段であるから，常に直接法律の根拠を必要とし，法律がその範囲を規律し，その権限を制限している。

現行法上，即時強制は，大体において，急迫の障害を除くため予め警察下命によって義務を命ずる暇がない場合または事の性質上警察下命をもって義務を課することでは目的を達することができない場合，すなわちノーマルな手続が可能でない場合に認められ，その行使の方法には必要最小限度の侵害の原則が働くものと解される。

(2) 即時強制の法的性質

即時強制は，従来，義務の存在を前提としない実力行使であると考えられてきた。しかし，現在は何らかの意味で義務の成立が前提になっていると見られている。例えば，即時強制は受忍の下命行為と実行行為との合成行為である，即時強制を授権する法は同時に国民に対しこれを受忍する義務を命じている，という説明がある。

しかし，即時強制においては警察措置の直接の執行が問題である。この場合，警察処分，強制の戒告および強制の実行行為，すなわち実体法上の行為とそれを実現する手続法上の行為が1つの行為に集中している場合である。換言すれば，即時強制は，法律⇒行政処分→それを強制する執行手続→実行行為という3段階のノーマルな行政過程が，その最終段階である実行行為において，すべて凝縮した場合であ

るということができよう。

(3) 即時強制の手段

即時強制が認められている主な場合および手段は次の通りである。

警察官職務執行法（以下，警職法と略す。）では，質問，保護，避難などの措置，犯罪の予防および制止，危険な事態が発生した場合の立入り，武器の使用などが定められている。

そのほか，身体に対する強制として，伝染病患者の強制入院，交通遮断，検診の強制などがあり，財産に対するものとしては，消火対象物の使用および処分，違法駐車車両の移動，道路における交通の危険防止・交通妨害の排除のための工作物の除去，銃砲等の一時保管・仮領置，没収，収去，狂犬の撲殺，違法広告物の除去などがあり，また住居・営業所への立入りがある。

Ⅲ 武器の使用

武器の使用は，即時強制の特別の形式であり，究極の手段である。

警職法7条は，警察官が一定の場合に武器を使用することができることを規定している。武器とは，けん銃等の小型銃砲，刀剣および爆薬の3種類をいい，それ以外の新しい特別の武器，例えば大型機関銃，手りゅう弾などの重火器や爆弾類の導入は特別の法律の根拠を必要とするといえよう。平成14年5月，全国の機動隊や皇宮警察本部に短機関銃が配備されている。警棒や一過性の効果しかない催涙ガスは本来の武器に当たらないが，武器に準じた取扱いを要する。

(1) 武器使用の要件

警職法は，けん銃等の武器を使用できる場合を，「犯人の逮捕若しくは逃走の防止，自己若しくは他人に対する防護又は公務執行に対する抵抗の抑止のため必要であると認める相当な理由のある場合」（警職7条本文）に限定している。犯人とは，犯罪を犯した者またはその嫌疑のある者，すなわち被疑者，被告人および有罪判決が確定した者をいい，逃走の防止とは，犯人が身柄の拘束から離脱しようとすることを防止することであり，防護とは，生命・身体の現在の危険を防止することをいう。

武器の使用は，社会の安全のために個人の生命・身体に危害を加えるという矛盾した行為であるから，個人に対する武器の使用の要件は，警察比例の原則―過剰な権力行使の禁止により，厳格に規定されるべきである。法律が規定する「公務の執行に対する抵抗の抑止のため必

要があると認める相当の理由がある場合」という要件は，公務執行妨害のほとんどあらゆる場合に武器の使用を許容する結果となる虞があり，武器使用の要件を限定したことにはならないだろう。

(2) 事前警告

警察官等けん銃使用及び取扱規範（国家公安委員会規則第7号。以下，けん銃規範と略す。）6条は，事前警告を原則とし，「ただし，事態が急迫であって予告するいとまのないとき又は予告することにより相手の違法行為を誘発するおそれがあると認めるときは，この限りでない。」と規定して，例外を認めている。

(3) 人に危害を与える武器の使用

警察官は，正当防衛・緊急避難または凶悪犯人の逮捕等・逮捕状による逮捕等のいずれかに該当する場合でなければ，武器を使用して，「人に危害を与えてはならない。」（警職7条但し書）。通説も実務も，危害とは生命・身体に対する侵害であるといい，殺害を含むと解している。人に危害を与えてはならないとは，危害を与える方法で武器を使用してはならないという趣旨であり，拳銃の場合であれば，相手に向かって拳銃を撃ってはならないことを意味する。

拳銃を人に向けて構え威嚇すること，上空に向けて威嚇射撃を行うこと，物や狂犬等の動物に向けて発射することなどは，人に危害を与える武器の使用に当たらない。

武器の使用については，比例原則—必要最小限度の侵害という原則が妥当することが一般に承認されている。しかし法律には，比例原則を具体化した武器の使用の基準ないし方法についての規定は置かれていない。けん銃規範7条は，威嚇射撃についてのみ，「人に危害を及ぼし，または損害を与えることのないよう，射撃の時期および方向に注意するとともに，その回数も必要最小限度にとどめるものとする。」と規定している。

(4) 致命的射撃（射殺）の許容性

致命的射撃の許容性については明文の規定がなく，明示の禁止規定もない。しかし武器の使用の目的は，犯人等の殺害ではなく危険防止にあり，致命的射撃は生命・身体の重大な侵害であるから，法律の留保の原則に従い，立法者は，その許容性について明確な規定をする必要がある。致命的射撃は，刑罰とは法的性格を異にするから，死刑廃止論とは矛盾しない。しかし致命的射撃は，人質を救出する場合のように，それが現在の生命の危険または身体に対する重大な侵害の防止

のための唯一の手段・方法である場合にのみ，許容されるというべきであろう。

　通説や実務は，致命的射撃の正当化根拠を刑法や民法の正当防衛，緊急避難および警察緊急権などに求めている。しかし，そのような正当防衛および緊急避難の法理は，市民相互の関係において妥当し，警察権力と国民との関係に適用するのは適切ではない。警察の措置は，市民の行動より厳格な法的基準に服するというべきである。警察官の不用意な拳銃の発射をきっかけとしたロンドンの騒乱の発生は，警察官拳銃使用の厳格な抑制を示唆するものであろう。正当防衛や緊急避難の法理による権力抑制という方法は，時代遅れであり，警察の過剰な権力行使に対する歯止めとはならず，憲法の比例原則―過剰禁止の原則を空洞化する虞がある。

(5) 射撃の正当化についての判例

　判例では，次のような事例が正当防衛に当たるとされた。

　転倒して警棒を落とし，けん銃を取り出しての警告も効果がなく，さらに棒抗で頭部を殴りかかれたため，けん銃を発射して死亡させた事例（東京高決昭32・11・11 東高時報8巻11号388頁），2人の酔客に暴行され，けん銃を奪取されそうになり，威嚇射撃も効果がなかったので，けん銃を発射して死亡させた事例（福岡高決昭42・3・6 下刑集9巻3号233頁），半狂乱状態にあるシージャック犯人いついて，人質の危害を防止するため胸腹部をライフルで狙撃し，死亡させた事例（広島地決昭46・2・26 刑裁月報3巻2号310頁），自動車の窓枠に捕まって停止を命じる警察官を無視して加速を続ける公務執行妨害の現行犯人に対して，けん銃を構えて警告した上，上空，車両，犯人の肩に順次に発射し，犯人と同乗者を死傷させた事例（熊本地判昭51・10・28 刑事裁判資料217号40頁），2人組みに警棒を奪われて執拗な攻撃を受け，さらにけん銃を奪われそうになったため，けん銃を発射して死傷させた事例（東京八王子支決平4・4・3 判タ809号226頁），制止を無視して歩行者天国を暴走する車両による人身被害を防ぐため，運転者の前腕部を狙ってけん銃を発射し，死亡させた事件（大阪地判平10・10・27 判時1618号79頁）。

　次の事例は正当防衛に当たらず違法とされた。

　集会警備中に群衆に取り囲まれ，暴行を受ける等の事態になったため，けん銃を発射し，集会参加者を死亡させた事例（東京地判昭45・1・28 下民集21巻1・2号3頁＝血のメーデー事件）。

第6章 警察はどのような侵害措置をとっているか

　警察が法律の具体的な権限規定に基づいて行う侵害的行為を警察の侵害措置ということができる。警察の侵害措置には，命令・禁止または受忍を内容とする行政処分の性質を有するものもあるが，警察官が日常的に行っているものとしては，危険防止のための事実行為たる侵害措置が多い。これらの措置は警察官職務執行法（昭和 23・7・12—最終改正平成 18，以下，警職法と略す。）に規定されている。

I　職務質問

(1) 職務質問

　警察官の職務質問は，警察法に規定する警察の責務および他の法令の執行等の職権職務を遂行するために行うもので，質問の相手方の意思にかかわりなく，またはその意思に反し，相手方を停止させて行うことのできる職務上の質問である。職務質問は相手方がそれを受忍しなければならない警察の侵害措置である。したがって，警察官が職務を行うについて関係者に一般的に行う質問とは異なる。例えば，警察官が市民に地理案内について質問をし，あるいは，犯罪について一般的な情報提供を求めることは何の問題もない。一般的質問の場合，市民が質問に応答するかどうかは全く当事者の自由である。

(2) 職務質問の要件

　警察官は，異常な挙動その他周囲の事情から合理的に判断して何らかの犯罪を犯し，もしくは犯そうとしていると疑うに足りる相当な理由のある者または既に犯された犯罪について，もしくは犯罪が行われようとしていることについて知っていると認められる者を停止させて質問することができる（警職 2 条 1 項）。職務質問の相手方は，犯罪について有益な供述をすることができることを正当化できる者でなければならない。

(3) 職務質問に付随する行為

① 停　止

　　警察官は，質問のため，歩行者・自動車等を停止させることができる。停止は，職務質問に付随して当然に認められ，相手方はそれに対する受忍義務を負う。しかし通説によれば，停止は任意

手段であって，実力を行使して停止させることは原則として不適法である。

判例には次の事例がある。

適法であるとする事例。逃走しようとする者の前に立ちふさがる行為（広島高判昭51・4・1高刑集29巻2号240頁），職務質問中に逃げだした者を追跡する行為（広島高判昭29・5・18高刑集7巻3号483頁），任意同行を拒否して逃げだした者を追跡する行為（最決昭30・7・19刑集9巻9号1908頁），追跡して背後から腕に手をかけ停止させる行為（最判昭29・7・15刑集8巻7号1137頁），胸元をつかんで歩道に押し上げる行為（最決平元・9・26判時2357号147頁），足を踏み入れてドアが閉まるのを阻止する行為（最決平15・5・26刑集57巻5号620頁）など。

違法であるとする事例。止まらなければ逮捕する，逃げると撃つぞと威嚇する行為（大阪地判昭43・9・20判タ228号229頁），数分間にわたり，ズボンの後ろをベルトと一緒に持ち，首筋をつかんでパトカーに乗車させる行為（大阪地判平2・11・9判タ759号268頁），警察官3人で身体に触れて押しとめる行為（東京地判平4・9・3判時1453号173頁）など。

② 任意同行

その場で職務質問をすることが本人に対して不利であり，または交通の妨害になると認められる場合には，質問するために，その者に，付近の警察署，派出所または駐在所に同行することを求めることができる（警職2条2項）。職務質問の利点は，一般的質問と違って，職務質問をしている間に心理的圧迫を加え，相手方を不安におとしめる点にある。したがって職務質問には，質問場所の非日常的雰囲気，質問事項の一方的な固定，表面に現れない威嚇などが有効であって，それによって暗黙のうちに1種の陳述強制が行われる。そのために，警察署，派出所または駐在所に同行を求めるのである。市民が取り巻く状態での職務質問は，本人の名誉，プライバシーを傷つける側面もあるが，同時に，警察官の強圧的な態度を市民がコントロールし，本人に有利となる側面もある。いずれにせよ，任意同行は職務質問の重要な要素である。

③ 任意同行と取調べ（事情聴取）の関係

司法警察職員は，犯罪の捜査について，被疑者または被疑者以外の者（参考人）の出頭を求め，取り調べをすることができる（刑

訴197条，198条)。この取調べは法的拘束力のない任意取調べで，事情聴取といわれている。

　任意同行による職務質問と取調べによる事情聴取との関係については，2つの見方がある。1つは，警職法の任意同行は，犯罪の予防・鎮圧という行政目的のための警察措置であり，刑事訴訟法の任意同行は，犯罪捜査の目的のための司法の活動である。したがって，両者は明確に区別され，実際上も区別が可能であるという見解である。もう1つは，警職法の任意同行から刑事訴訟法の捜査に移行した警察官の行為を一体的に見て，どの時点から逮捕状態に入ったかを判断すべきであるが，実際上は，警職法の職務質問・任意同行と刑事訴訟法の任意同行（捜査のための呼出し）・任意取調べを区別するのは困難であるという。

(4) 職務質問に伴う強制連行および供述義務

　職務質問を受けた者は，刑事訴訟法の規定によらない限り，身柄を拘束され，またはその意に反して警察署，派出所もしくは駐在所に連行され，もしくは答弁を強要されることはない(警職2条3項)。当事者は，職務質問を受忍する義務があり，そのため停止させられるが，それ以上の義務はない。すなわちこの場合，警察官は，刑事訴訟法の規定によらなければ，強制連行をすることができないし，また相手方は職務質問に対して供述しなければならない義務はない。また，職務質問をする警察官には，黙秘権について告知をする義務はないが，犯罪の証拠収集を目的として質問する場合には供述拒否権の告知を要する。

　次のような判例がある。同行を説得するため約4時間現場に留め置いた措置を適法とした事例（東京高判平8・9・3高刑集49巻3号421頁），同行を説得するため6時間半以上現場に留め置いた措置を違法とした事例（最決平6・9・16刑集48巻6号42頁）。

(5) 所持品検査

　所持品検査とは，警察官が職務質問に付随して相手方の所持品の内容の提示・開示を要求し，所持品を点検することをいう。所持品検査に関する警察法上の明示の規定はないが，所持品検査は職務質問の過程で，それに付随する1態様として許容され（最判昭53・6・20刑集32巻4号670頁＝米子銀行強盗事件），所持品の内容の提示・開示の要求は警察実務として定着している。所持品の内容の点検には，①所持品を外部から観察する，②所持品について質問をする，③任意に提示を求める，④衣服または携帯品の外部に手を触れて検査する，⑤所持品を

警察官が自ら開示し、あるいはポケットの中の所持品を取り出して検査する（最判昭53・9・7刑集32巻6号1672頁＝警職法による所持品検査事件）といった段階がある。④および⑤の段階の所持品検査は、相手方の承諾がなく有形力の行使を含むものであるため、任意の検査としての職務質問の範囲内にあるものと考えることはできないであろう。

　点検または捜検の限界という問題は、質問および所持品の内容の提示・開示の要求に従わない場合に、相手方の承諾なしに、どの程度の実力を行使できるかという問題である。最高裁の基本的な考え方は、強制にわたらない限り、所持品検査の必要性、緊急性、個人の法益と公共の利益との権衡、相当性の判断に基づき、一定の有形力の行使を認めるということである（最判昭53・9・7刑集32巻6号1672頁）。強制にわたらない有形力の行使という表現は、自己矛盾を含んでおり、実践可能な納得の行く判断基準ということはできない。これは警察実務の実態を追認したものであろう。

(6) 自動車検問

　自動車検問とは、複数の警察官が一定の場所で走行する自動車を停止させて行う質問、点検である。自動車検問は職務質問の1変形であり、その目的にしたがって、道路交通法違反の取締りを目的とする交通検問、犯罪一般の予防・摘発を目的とする警戒検問および特定の犯罪の発生後の犯人の逮捕ないし情報収集を目的とする緊急配備検問の3種類に区別することができる。自動車検問は、走行中の自動車を無差別・一斉に停止させて質問を行う点で、通常の職務質問と異なり、特に交通検問および警戒検問の法的根拠が問題となる。

① 交通検問

　交通検問は、部分的には、道路交通取締法の定める停止権等の行使と見ることができる（道交61条―危険防止の措置、同63条1項―整備不良車両、同67条―無免許運転、酒酔い運転、過労運転等の場合）。しかし道路交通取締法には、全車両の一斉検問を根拠付ける規定はない。

② 警戒検問

　その車両に不審事由が認められ、警職法2条1項の要件を満たす場合に自動車の停止を求めることができるし、また刑事訴訟法199条1項により、被疑者の車両を停止させることもできる。盗難車両の場合、手配車両と似た車両である場合、犯罪現場の方向から走行してきたと思われる場合、その外形・走行方法に不審な

点がある場合などがこれに当たる。しかし，これらの規定は全車両の一斉検問を根拠付けるものではない。

③ 一斉検問が何故許されるか。その法的根拠については3つの見解がある。

i 警職法2条1項

職務質問の前提要件の充足の有無を調べるため，通過自動車の無差別・一斉停止が認められる（大阪高判昭38・9・6高刑集16巻7号526頁）。

ii 警察法2条1項

警察の責務である「交通の取締」を遂行するに必要かつ合理的な範囲内で一斉自動車検問が許される（最判昭55・9・22刑集34巻5号272頁＝自動車の一斉検問事件）。

iii 全車両の検問や警戒検問には直接の法的根拠がなく，もっぱら相手方の任意の協力を前提として実施すべきものである（大阪地判昭37・2・28判時296号6頁）。

自動車の停止行為は任意手段でなければならない。これは学説・判例が一致して認めるところである。判例は，次のような行為は停止行為として適法であるとする。

i 赤色灯を振り，警笛を鳴らすこと（最決昭53・9・22刑集32巻6号1774頁），ii 自動車の前後に或る程度の間隔を置いて捜査用自動車を接近させる「はさみうち」検問（名古屋高金沢支判昭52・6・30判時878号5118頁），iii 左側運転手席ドアを両手で押さえること（東京高判昭34・6・29高刑集12巻6号653頁），iv ハンドルを握ること（東京高判昭45・11・12東高刑時報21巻11号390頁，仙台高秋田支判昭46・8・2刑裁月報3巻8号1076頁），v エンジンキーをひねること（東京高判昭48・4・23高刑集26巻2号180頁，最決昭53・9・22刑集32巻6号1774頁），vi エンジンのスイッチを切ろうとしたり，発進した自動車のハンドルを左手でつかんで自動車を路肩に寄せようとすること（東京高判昭54・7・9判時948号126頁），vii エンジンキーを取り上げる行為（最決平6・9・16刑集48巻6号420頁），viii バッテリーの配線をはずす行為（東京高判平8・9・3高刑集49巻3号421頁）など。しかし，ii～viii の行為を純粋な任意手段と見ることは疑問であるといえよう。

II 保　護

保護とは，警察権をもつて人の身体を拘束し，警察署その他一定の

場所に留置することをいう。警察官の保護活動は,精神錯乱者,迷い子,傷病者,家出人,泥酔者,自殺企図者など広い範囲にわたっているが,保護は予防的理由による強制措置を含む警察の自由剥奪であり,即時強制である。したがって保護の実態は,勾留（刑訴60条,204条,205条）および拘留（同16条）と同じであるが,犯罪の捜査または犯罪に対する制裁として行われるものでない点で,これらと区別される。保護は,自由な意思形成ができない状態または無力で頼る者がいない状態にある場合に許され,保護の目的は個人の生命,身体などの法益の保護に限られる。自由な意思により警察の世話を求める場合は保護に当たらない。

戦前の旧行政執行法は保護検束または予防検束を認めていたが,これが政治・労働・思想運動の弾圧のため濫用された。期間の制限規定は完全に無視され,検束された者は,刑事裁判なしで,警察署の留置場（＝代用監獄）をタライ回しされた。警職法の「保護」の制度は,戦前の「検束」制度の反省の上にたって定められたもので,権限の濫用防止を図り,保護の要件・手続・警察による保護の期間の限定など厳格に規定されている。

(1) 保護の要件

保護を要するのは,警察官が,異常の挙動その他周囲の事情から合理的に判断して下記の①または②に該当することが明らかであり,かつ,応急の措置を要すると信ずるに足りる相当な理由のある者を発見した場合である（警職3条1項）。

① 精神錯乱またはでい酔のため,自己または他人の生命,身体または財産に危害を及ぼす虞のある者（同1号）
② 迷い子,病人,負傷者等で適当な保護者を伴わず,応急の救護を要すると認められる者,本人がこれを拒んだ場合を除く（同2号）。

(2) 保護の対象

① 精神錯乱者・でい酔者

精神錯乱とは,精神が社会通念上明らかに正常でない状態・正常な判断能力や意思能力を欠いた状態にあることをいう。刑法39条の心神喪失者,精神衛生法の精神障害者に当たる場合もあるが,それらとは直接関係がない。精神障害者またはその疑いがある者,アルコールの慢性中毒症またはその疑いのある者を,精神錯乱者・でい酔者として保護した場合には,いずれも保健所長に通報する

義務がある (精神24条, 酩酊防止7条)。

判例では, 酒酔いや警察官に制止されたことによる異常な興奮 (高知地判昭48・11・14下民集24巻9～12号836頁), 覚せい剤の使用に起因する幻覚, 被害妄想, 感情鈍麻および異常行動 (岡山地判昭54・9・28ジュリスト712号判例カード97), 覚せい剤の影響による異常な精神状態 (札幌高判平4・7・21高検速報144号) などが精神錯乱に当たるとされ, 精神に不安定な面があった (大阪地判昭61・5・8判時1219号143頁), 精神にやや変調を来たしていた (浦和地判平3・9・26判時1410号121頁), 覚せい剤取締法違反での検挙を免れるため大きな声を出し抵抗した (千葉地松戸支判平5・2・8判時1458号156頁) などは精神錯乱とは認められていない。

泥酔とは, アルコールの影響により社会通念上深酔いし, 正常な判断力や意思能力を欠く程度に酔った状態をいう (大阪地判平5・7・1判時1478号146頁)。ただ, 酒に酔っている者の保護は, ほとんどの場合, 「酒に酔って公衆に迷惑をかける行為の防止等に関する法律」 (昭和36・6・1) の規定によって行われる。これによると, 「酩酊者が, 道路, 公園, 駅, 興行場, 飲食店その他の公共の乗物において, 粗野または乱暴な言動をしている場合において, ……とりあえず救護施設, 警察署等の保護するに適当な場所に, これを保護しなければならない。」(3条)。

判例では, 心神喪失の状態に達していることを要しない (福岡高判昭36・7・14高検速報851号) とされ, いささか飲酒酩酊していたにすぎない (福岡高判昭30・6・9高刑集8巻5号643頁), 飲酒のため粗暴で反発的態度である (広島地判昭41・10・27判時472号60頁) などは, でい酔に当たらないとされている。

② 迷い子, 病人, 負傷者等

捨て子, 浮浪少年, 家出少年, 行方不明者, 遭難者等は, 「迷い子, 病人, 負傷者等」に当たる。成人の家出人は, 直ちに警察官の保護の対象にはならない。家出人の保護は, 本人が自ら保護を求めてきた場合はともかく, 家族等の捜索願が出されている場合に, 警察官が任意の保護活動として行われるというべきであろう。また, 法律は自殺の虞ある者を保護の対象として明示していないが, 警察実務では, 自殺の防止はその必要性および緊急性が高く, 継続的な身体拘束はできないが, 状況によっては, 極めて強い態様での説得や実力による制圧が許されるとしている。

(3) 保護の実施

警察官は，保護の要件に該当するものを発見したときは，とりあえず警察署，病院，精神病者収容施設，救護施設等の適当な場所において，これを保護しなければならない（同3条1項）。適当な場所とは，保護を要する具体的状況により，公民館，民家等であってもよい。

応急的な救護の措置は即時強制であり，相手方に受忍の義務がある。本人が拒む場合でも，十分な意思能力や判断能力を欠くと認められる場合には，抵抗を排除して強制的に保護することができると解すべきである。判例では，暴言を吐き，唾を吐きかける等をした泥酔者の両足に手錠をかけて制圧した行為（岡山地判平6・4・21判例自治127号95頁）を適法とし，後ろ手錠の使用（大阪地判昭61・5・8判時1219号143頁）は違法とされている。

(4) 事後の措置

警察官が保護の措置をとった場合は，できるだけすみやかに，その者の家族，知人その他の関係者にこれを通知し，その者の引き取り方について必要な手配をしなければならない。責任ある家族，知人等が見つからないときは，すみやかにその事件を適当な公衆保健もしくは公共福祉のための機関またはこの種の者の処置について法令により責任を負う他の公の機関に，その事件を引き継がなければならない（警職3条2項）。一般に保護されるべき者については，生活保護法，児童福祉法等が保護に当たるべき機関を定めている。福祉事務所（生活保護19条，児童福祉25条），児童相談所（児童福祉25条）などがそれである。警察官は，警察で保護した者の氏名，住所，保護の理由，保護および引渡しの時日ならびに引渡先を毎週簡易裁判所に通知しなければならない（警職3条5項）。

警察の保護は，24時間をこえてはならない。ただし，やむを得ない事情があると認めて，引き続き保護することを承認する簡易裁判所の裁判官の許可状がある場合には，この限りでない（同3項）。この場合にも，5日をこえて保護の期間を延長することはできない（同4項）。判例は，でい酔状態を脱した後における保護の継続は必要以上の身体の拘束で違法である（大阪地判平5・7・12判時1478号146頁），また被保護者の状態からみて家族等に引き渡すことが適当でない場合には，身柄拘束から24時間以内の限度で，親族等の面会・引渡し要求を拒絶できる（福岡地判昭56・11・20判タ460号123頁）としている。

(5) 犯罪捜査との関係

保護は、これを犯罪の予防や捜査のための用いることは許されない。しかし判例は、保護中の精神錯乱者からの強制採尿が犯罪の捜査上やむを得ない場合は違法でないとしている（最決平3・7・16刑集45巻6号201頁）。

Ⅲ 避難強制

警察官は、人の生命、身体または財産に危害を及ぼす虞のある危険な事態がある場合において、特に急を要するときは危害を受ける者に対し、これを引き留めもしくは避難せしめ、または自ら危害防止のため必要な措置をとることができる。これが避難強制である。

(1) 避難強制の措置の要件

避難強制の措置の要件は、①「人の生命若しくは身体に危険を及ぼし、又は財産に重大な損害を及ぼす虞のある天災、事変、工作物の損壊、交通事故、危険物の爆発、狂犬、奔馬の類等の出現、極端な雑踏等危険な事態がある場合」および②「特に急を要する場合」である（警職4条1項）。

「極端な雑踏等危険な事態」とは、例えば、大規模な台風の接近により、電車・地下鉄等交通が全面的にストップし、各会社が従業員の早期退社を促したこともあって、帰宅困難者がターミナルに溢れ出し、人が将棋倒しになるなどの場合が、これに当たる。

(2) 措置の種類

① 警　告

上記の①の場合には、その場に居合わせた者、その事物の管理者その者の関係者に必要な警告を発することができる（同1項前段）。この場合の警告は、危険防止のための必要な措置等について注意、指導、勧告等を行うことをいう。警告は通知行為であって、行政処分ではない。したがって特別の法的効果は生じない。

② 避　難　等

上記の②の場合には、危害を受ける虞のある者に対し、これを引き留め、避難させ、あるいは、その場に居合わせた者、その事物の管理者その他関係者に対し、危害防止のため通常必要と認められる措置をとることを命じ、または自らその措置をとることができる（同1項後段）。危害防止のための通常必要な措置は、例えば、危険区域に入ることを禁止し、または危険区域からの立退きを強制することである。これらの措置は、いずれも一時的な指示・禁

止あるいは命令である。また警察官が自らとる措置は即時強制である。判例では,過激派の行動による危害を避けるため一般交通を遮断する行為(長崎地決昭47・9・29刑裁判月報4巻9号1578頁)は引き留めに当たるとしている。

(3) 「……することができる。」規定

警職法4条1項は,権限行使の指示を意味する規定である。「……することができる。」規定には,裁量の授権(Ermessen-kann)を意味する場合と権限行使の指示(Kompetenz-kann)を意味する場合がある。特に危険防止のための法律の規定は,法律の趣旨・目的の合理的解釈により,「……することができる。」という規定を,「……しなければならない。」というように解釈しなければならない場合が多い。警職法4条の場合に,法律は警察官に対し,危険防止のため必要な措置を命じてもよいし,命じなくともよい,あるいは自ら必要な措置をとってもよいし,とらなくてもよいというような裁量権を与えているのではない。権限不行使は行為義務違反として違法となる。

漂着砲弾類の積極的な回収等の措置をとらなかったことが職務上の義務違反に当たるとした最高裁の判例(最判昭59・3・23民集38巻5号475頁=新島漂着砲弾爆発事件)について,一部の学説は「裁量収縮の理論」が認められた事件であるという評釈をしている。しかし,このケースは警察官の裁量権がゼロになる場合ではない。

(4) 事前手続

警察官がとった警告,避難等の措置については,順序を経て公安委員会に報告しなければならない。この場合,公安委員会は,他の公の機関に対し,その後の処置について必要と認める協力を求めるため適当な措置をとらなければならない(同4条2項)。「順序を経て」とは,個々の警察官が直接に公安委員会に報告するのではなく,職務上の指揮命令系統を通じて報告することを意味する。また「他の機関」とは,危険防止に対する処置について権限と責任を有する国の行政機関,地方公共団体の機関,水防団,消防団等である。

IV 犯罪の予防および制止

警察法2条は犯罪の予防を警察の責務としてあげているが,警職法は警察官のとるべき措置として,犯罪の予防のための警告と犯罪行為の制止の措置について規定している。すなわち,警察官は,犯罪がまさに行われようとしたときは,その予防のため関係者に警告を発し,

また，その行為によって人の生命・身体に危険が及び，または財産に重大な損害を受ける虞があって，急を要する場合には，その行為を制止することができる（警職5条）。

(1) 警　告

「関係者」には，犯罪を犯そうとする者のほか，犯罪の被害を受けるおそれのある者，その事態に直接または間接に関係のある保護者，建物の所有者・管理者等が含まれる。警告は，注意，勧告，指示など事実上の通知行為であって，その方法としては，例えば交通違反者に対し，口頭，警笛，拡声器などによって行う。

(2) 制　止

制止は実力の行使による強制で，即時強制である。制止の手段・方法は多種多様で，最も一般的なものとして，警棒の使用がある。

判例は，ピケ隊やデモ隊に対する制止の方法として，スクラムを引き離し，ピケラインを崩す行為（福岡高判昭28・10・1高刑集6巻10号1366頁），不法滞留するデモ隊を圧縮した上，引っ張り，押し出して順送りに排除する行為（福岡高判昭45・1・30刑裁月報10号1068頁），許可条件違反の先導車両に車止めを掛け，同違反のデモに対して並進規制を行い，座り込んだデモ隊員をごぼう抜きする行為（浦和地判平3・5・15判時1400号106頁），暴徒化したデモを実力で解散させる行為（名古屋高判昭50・3・27判時775号21頁），放水車による放水（東京地判昭40・8・9下刑集7巻8号1603頁）などを適法な行為であるとし，違法ピケの排除に際し，警棒で胸や頭を殴って障害を負わせる行為（横浜地判昭34・9・30下民集10巻9号2065頁），気勢を示す酔客の胸をねじ上げて店外に連れ出し，パトカーまで連行する行為（広島地判昭50・12・9判タ349号284頁）などを違法な行為であるとしている。

V　立入り

立入りとは，公務員が土地または建物の管理者の同意なしに，またはその意思に反し，人の生命，身体または自由に対する現実の危険を防止するため，または物件の検査・調査など情報収集のために，個人や事務所の土地や建物に立ち入ることをいう。立入りは事実行為で実力によって強制することができる即時強制である。立入りをせず，家屋の見張り，盗聴，赤外線カメラによる監視は，プライベートを侵害するものとして許されない。

立ち入りは，危険防止のための立ち入りと検査・調査のための立入

りに区別することができる。

(1) 危険防止のための立入り

警職法が規定する立入りは、危険防止のための立入りである。警察官は、危険な事態が発生し、人の生命、身体または財産に対し危害が切迫した場合に、その危害を予防し、損害の拡大を防ぎ、または被害者を救助するため、やむを得ないと認めるときは、他人の土地、建物または船車の中に立ち入ることができる（警職6条1項）。警察の目的のための立入りは、原則として、やむを得ないときに限るが、例外として興行場、旅館、料理屋、駅その他多数の客の来場する場所の公開時間中は、犯罪の予防または人の生命、身体もしくは財産に対する危害予防のために、その場所に立ち入ることを要求した場合には、管理者は、正当の理由なくして、立入りを拒むことができない（同2項）。管理者が、これを拒んだときは、警察官は実力を行使して立ち入ることができる。立入りを拒んだ場合の罰則の規定はない。

(2) 調査・検査のための立入り

立入調査は主として警察目的を達成するための情報収集活動である。立入調査をするかどうかは警察機関の裁量にあり、ただ裁判官の許可（出入国31条）、居住者の承諾（消防4条4項、建基12条4項但書）を立入の要件とする場合がある。警察上の立入調査は、犯罪捜査のために用いてはならず（例．火薬43条5項、薬69条3項、麻薬53条3項、風俗37条4項など）、調査結果については守秘義務が課せられる（消防4条6項）。立入調査はほとんどが罰則で担保された間接強制調査である。立入調査について相手方の明示の承諾は必要ないが、調査に対する抵抗を実力で排除し、強制的に立入ることは認められないとするのが通説である。しかし立入りには実力行使が伴うというべきで、通説は現実的でない。実力行使を認める要件としては、緊急の必要性、食品・薬品・健康・防災など調査目的による強制の必要性などが考えられよう。

(3) 立入りの手続

警察官は、立入りに際して、みだりに関係者の正当な業務を妨害してはならない（同3項）。また、警察官は、その場所の管理者またはこれに準ずる者から要求された場合には、その理由を告げ、かつ、その身分を示す証票を提示しなければならない（同4項）。

調査のための立入りが認められている主な場合は次の通りである。

消防法による消防職員の立入検査（消防4条）。この場合、立入り、検査を拒み、妨げ、忌避した者は20万円以下の罰金または拘留（同4

条2号)。

火薬類取締法による警察職員の立入検査 (火薬43条2項)。立入り, 検査を拒み, 妨げ, 忌避した者は, 20万円以下の罰金または拘留 (同61条5号)。

無差別大量殺人行為を行った団体の規制に関する法律による警察職員の立入検査 (無差別団体規14条)。立入りまたは検査を拒み, 妨げ, 忌避した者は, 1年以下の懲役または50万円以下の罰金 (同39条)。

風営適正化法による警察職員の立入り (風俗37条2項)。立入りを拒み, 妨げ, 忌避した者は, 20万円以下の罰金 (同49条6項8号)。

古物・質屋営業法による警察官の立入・検査 (古物22条, 質屋24条)。立入り・検査を拒み, 妨げ, 忌避した者は, 古物営業法の場合10万円以下の罰金(35条3号), 質屋営業法の場合1万円以下の罰金(33条2号)。

Ⅵ 一時保管・仮領置

一時保管・仮領置は, 警察により一時的に物の占有を奪い, これを警察官署に保管する処分である。一時保管・仮領置は現在の危険の防止のために許容される。危険が物そのもの (狂犬), 物の使用の抽象的な危険可能性 (ピストル) あるいは具体的な危険可能性 (泥酔者が使用しようとしている自動車の鍵) から発するかどうかは重要でない。現行法は, 次の場合に一時保管・仮領置を認めている。

(1) 一時保管

① 警職法は, 「警察官は, 刑事訴訟に関する法律により逮捕されている者については, その身体について凶器を所持しているかどうかを調べることができる。」と規定している (2条4項)。この規定は逮捕者について凶器捜検を認めているが, 凶器を発見したときの措置については規定していない。しかし, 凶器を取り上げてこれを一時保管することを認める趣旨であると解されている。

② 銃砲刀剣類所持等取締法は, 「警察官は, 銃砲刀剣類等を携帯し, 又は運搬している者が, 異常な挙動その他周囲の事情から合理的に判断して他人の生命又は身体に危害を及ぼすおそれがあると認められる場合において, その危害を防止するため必要があるときは, これを提出させて一時保管することができる。」と規定している (24条の2第2項)。この規定の適用が問題になったケースにおいて, 最高裁は, 警察官には行為裁量が認められず, ナイフを提出させて一時保管の措置をとるべき義務があったものと解

釈し，ナイフの一時保管の懈怠は職務上の義務に違背し，違法であると判示した（最判昭57・1・19民集36巻1号19頁＝ナイフ1時保管懈怠事件）。

(2) **仮領置**

都道府県公安委員会は，銃砲等の授受・運搬および携帯を禁止または制限した場合，あるいは銃砲等の所持の許可を取消すべき事由が発生し，かつ人の生命または財産に対する危害の防止のため必要がある場合，銃砲等の提出を命じ，これを仮領置することができる（銃刀所持11条7項，26条2項）。

第 7 章　警察権は誰に対して発動されるか

　警察権は，公共の安全に対する障害または危険（警察違反状態）を惹起した者に対してのみ発動することができる。警察権の発動を受けるべき地位を警察責任といい，警察権の対象となるような障害または危険を惹起した者を警察責任者または（警察）障害者という。

　警察責任は，障害または危険を惹起した者だけが警察権の対象となり，他の第三者は警察権の発動を受けないことを保障するという意味で，法治国的警察法の核心である。一定のグループに所属していたことを理由に，メンバー全員が連帯責任を負わされることはない。

　わが国では，警察の具体的な権限についての一般的条項の規定はなく，通常，警察の権限は法律に具体的に規定されている。しかし，警察権の名宛人の範囲については，十分具体的に規定されていない場合がある。したがって，誰が警察責任者であるかの問題は，法解釈論としても重要であるということができる。警察法の目標は，人の行動および物の状態から危険を発生させないようにすることにあるが，最近の立法は，これを国および地方公共団体，あるいは，事業者や国民・住民全体の責務として規定する傾向にある。

　警察責任は，人の行為または物の状態に基づくから，基本的に，行為責任と状態責任とに区別することができる。

I　行 為 責 任

　行為責任は，障害または危険が人の行為によって直接惹起した場合に，生じる。人の行為とは，作為または不作為である。行為責任は，人の行為と障害または危険との間に因果関係が存在しなければならないという意味で，惹起責任(Verursachungshaftung)である。行為責任は，客観的に障害または危険を惹き起こしたということによってのみ生じるから，その本質上，行為者の故意・過失を必要としない。

(1) 行為者・監督者の責任

　行為責任は行為者の責任と監督者の責任の2つの種類に区別することができる。

　① 行為者の責任

　　行為者とは，公共の安全に対し障害または危険を惹き起こした

人（自然人・法人）をいう。障害または危険を惹起した者を障害者といい，障害者は原則として自己の行為について行為責任を負う。障害者は公共の安全を構成している法規に違反する者であり，換言すれば，公法上の行為義務または不作為義務に違反する者である。

② 監督者の責任

監督者とは，行為者に対し事実上の支配力を保持している者をいう。事実上の支配力を継承した者も監督者に属する。監督者は直接危険を惹き起こした者でないから，警察責任についての行為責任を問うためには，保護，監督，業務上の委託等の特別の理由が必要である。監督者は，保護または監督関係などに基づき自己の生活範囲，すなわち自己の支配力の及ぶ範囲内にある家族，使用人，従業員などについて行為責任を負う。

(3) 原因（惹起）の直接性

警察法では，原則として，直接原因（直接的惹起）の理論が通説的見解である。警察法では，非典型的な危険の防止が問題となることがあるから，民法で採用されている相当因果関係説は適切ではない。直接原因または直接的惹起の理論によれば，責任を有する者は，自己の行為または自己の物によりその危険を直接惹き起こした者，すなわち危険発生について時間的に最後の行為を行った者である。例えば，Aが乱暴な自動車運転をしたため，Bが衝突を避けるため無理な運転をしたので，自動車が横転し，後に続く自動車が危険に陥ったときは，Bの運転者が危険の直接の原因者である。この場合，過失または予測可能性は重要でない。

しかし，直接原因の理論がすべての問題を解決するものでもない。なぜなら，違法な運転者が責任を問われずに，適法に運転していた者が警察上の責任を問われることがあるからである。

(4) 直接原因理論の修正

直接原因の理論を修正するものとして，原因の違法性の理論と社会的妥当性の理論がある。

原因の違法性の理論は，法的基準により，適法に行動している者は警察責任者ではなく，法に従って行動をしない者が責任を負うべきである，という。換言すれば，障害原因者とは法的作為義務または不作為義務に違反する者をいう。この理論は，行動基準を定める規範が存在しない場合には機能しないという弱点がある。

それに対して，社会的妥当性の理論が展開された。それは，社会的に妥当でない行為は警察法上の責任を根拠付けるという考え方である。社会的妥当性の理論は，法的に規制されていないケースを把握できるということによって，原因の違法性の理論の弱点を回避できるとされているが，社会的に妥当かどうかについての実施可能な判断基準は提示されていない。

(5) 誘因者

誘因者については直接原因の理論は有効でない。人の行為が他人の危険の誘因となる場合，すなわち間接原因の場合である。例えば，1市民が，ネットで，「さようなら原発」のデモ行進を呼びかけたところ，予想をはるかに上回る1,000人の市民が参加した。参加者が駅前広場でひしめき合い歩道にあふれた。多くの市民が車道を通らざるを得なかったので，自動車による危険に曝されることになった。この場合，危険の直接の原因者は立ち止まっている通行人である。警察官が道路上に立ち止まるなという命令をしても，直ちに，混雑が解消されるわけではない。

そこで，このような状況のために，誘因者の理論が展開された。それによれば，自己の行為に基づいて誘発された警察違反状態の発生を予測または予測できるに違いない場合，その者は客観的にはすでに警察違反を目的とした意図的誘因者であり，警察責任を負うべきである，という。しかし，この場合，誘因者の責任を問うても意味がない。この理論について伝統的学説は批判的である。

警察は，基本的人権を保護することを責務とするから，このような場合はヨーロッパの警察のように，車両の通行を締め出し，デモ行進が円滑に進行できる措置をとるべきであろう。

(6) 不作為による原因者

直接的原因の理論は不作為の場合にも行為責任を問うことができるように拡大される。そのためには2つの要件が具備されていなければならない。危険発生の直接性と具体的な行為義務，すなわち危険回避の行為をすべき法的義務が存在しなければならない。このような義務が存在しない場合は単なる不作為であって，不作為者が警察責任を負うべき障害者となるわけではない。

Ⅲ 状態責任

状態責任は,障害または危険が人の行為からではなく物の状態から発生するときに,生じる。物とは不動産および動産である(建基9条,10条,食品20条等)。動物は物と同様に扱われる。物の状態とは物の性質および空間における状況をいう。状態責任というためには,物によって危険が惹起していることが必要である。状態責任は,物の状態と危険の間に因果関係が存在しなければならないという意味で,惹起責任であるということができる。状態責任の成立にとって,物がどのようにして危険を惹起する状態に置かれたかは重要でない。行為責任と同様に,故意・過失を要件としない。

(1) 種 類

状態責任については2種類を区別することができる。この場合,区別の基準は人が危険な物に対していかなる関係にあるか,あるいは,あったかである。関係として,事実上の関係と法律上の関係を区別することができる。

① 事実上の関係

物に関する事実上の支配力を有する者は,その物から発生する危険について責任を有する。物に関する支配力を有する者は通常物から発生する危険自体を支配することができるからである。土地の占有者,物の保管者がこれに当たる。事実上の支配力が民法上保護されているかどうかは重要でない。この場合,警察は,物の所有権関係を探求する必要がなく,直ちに物の保有者に対し警察の措置をとることができるという利点がある。

② 法律上の関係

事実上の支配力を有する者がまず責任があるが,彼に対する措置が不適法,不能または実行不可能であるときは,それと並んで,所有権者その他の権利者も状態責任を負う。責任は所有権の取得とともに始まり,原則として所有権の喪失をもって終わる。事実上の支配者が所有者の意思に反して事実上の支配力を行使し,所有者の処分権が排除されているときは,所有権者の責任は成立しない。とくに,窃盗,押収,差押,強制管理などの場合である。

(2) 複数の責任

① 潜在的責任

危険はしばしば複数の行為または物の状態が競合して現実のも

のとなる。初めは全く危険のない状況でも後に外部の事情が加わって突然危険を惹起することがある。例えば，当初適法に設置され経営されていたガソリンスタンドが，その後，地下道新設の道路工事に伴い，地下貯蔵石油タンクの設置状況が消防法10条，12条などの定める技術上の基準に適合しなくなったケースがある。この事件について，最高裁は，道路工事遂行の結果，警察違反の状態が生じたとして，危険物保有者の警察責任を肯定し，道路法70条1項の定める補償を否認した（最判昭58・2・18民集37巻1号59頁＝地下道新設に伴う石油貯蔵タンクの移転事件）。

このような問題が潜在的責任の問題である。しかし，石油貯蔵タンクの移転事件は潜在的危険が顕在化した場合ではなく，石油貯蔵タンクは当初適法であったし適法であるから，警察責任＝状態責任を負うべき場合には当たらない。このような場合には，危険な状態の発生を予防的に阻止すべき計画措置が必要であって，むしろ地下道新設の計画に瑕疵があったというべきであろう。

② 複数の警察責任

複数の警察責任が存在する場合に，誰に対して警察の措置をとるべきかについては，法律上明文で規定されていない。1つの警察違反状態について，複数の行為責任が競合している場合（例えば，複数の者による自転車の放置），複数の支配者が関係する状態責任，または行為責任と状態責任が競合している場合（例えば，廃棄物の不法投棄，違反建築の建設者と建物の所有者）などがある。

通説によれば，複数の責任者の間の選択は警察の裁量である。しかし裁量行使については比例原則による制約があるといえよう。すなわち，できるだけ小さい侵害による最も効果的な危険除去という原則が働く。さしあたり時間的に最後の責任者が問題となり，状態責任よりも行為責任を先に考慮すべきであるが，ただ実際には，危険防止のための最も有効な手段は何かという視点に基づいて，選択することになろう。例えば，違法駐車の乗用車が牽引される場合，乗用車の所有者の状態責任と運転者の行為責任が競合することがある。この場合，警察に運転者を探す義務を負わせることができないときは，差し当たり所有者の警察責任が選択されることになろう。選択に当たっては，責任者の危険源への場所的近さおよび経済的能力も考慮されるべきである。

Ⅳ 第三者の責任（警察緊急状態）

　危険について責任のある者以外の第三者（非障害者）は，原則として警察責任を有せず，ただ例外的に警察緊急状態といわれる状況が存在するときにのみ，通常の場合には許されない警察措置の対象とされることがある。このような場合を警察緊急状態といい，この場合に発動される警察権を警察緊急権という。警察緊急状態は，次の要件が存在する場合である。

① 公共の安全についての重大な障害がすでに発生し，または危険が直接切迫している。
② 障害の除去または危険の防止は，警察機関によっても警察責任者によっても，可能でない，または成功の見込みがない。
③ 非障害者が，重大な危険なしに，その義務を尽くすことができる。
④ 非障害者に対する警察権の発動は，客観的かつ時間的に無制約ではなく，その範囲および期間が限定される。

　非障害者に対する警察緊急権の発動は，犠牲補償思想に基づくもので，この場合，非障害者は一般公共のためにその権利および自由についての特別の犠牲を課せられているから，正当な補償が与えられる。警察緊急権は最後の手段として，通常の場合の警察権の限界を超えて許容されるが，比例原則の制約を受ける。上記に挙げた①～④の要件が比例原則の具体化であり，警察緊急権が許容される場合は個別的に法律により認められた特別の場合でなければならない。現行法における実例は次の通りである。

ⅰ 警察上の援助強制
　警察上の障害と関係のない第三者に対し警察の活動を援助することを強制することができる（例，警職4条1項＝その場に居合わせた者，水防17条＝区域内に居住する者または水防の現場にある者，水害予防組合5条2項＝区域内ノ総居住者，消防29条5項＝現場付近にある者）。

ⅱ 土地物件の使用・処分および使用の制限
　警察上の障害の除去のため，障害とは関係のない第三者の土地物件を使用・処分し，またはその使用を制限することができる場合がある。いわゆる破壊消防がその例であるが（消防29条3項前段＝前2項に規定する消防対象物および土地以外の消防対象物および土地），消防法以外の法令においても認められている（例，水防2条1項，水害予防組合50条1項本文）。

第8章　警察活動によって被った損失は補償されるか

Ⅰ　理論的根拠

　行政の適法な活動により特定の者に損失を及ぼした場合において，それが特別の犠牲に当たるときは，これを調節するために補償をしなければならない。しかし，警察の適法な活動に基づく損失について損失補償請求権は成立しないものとされている。通説によれば，警察の活動が，消極的に社会の秩序の維持を目的とし，その目的に必要な限度において，障害または危険の原因をなした者に対して行われる限り，補償を与える必要がない。

　適法な行政活動のうち，警察の活動に基づく損失だけが当然に受忍すべきものであるというのは，いかなる理由に基づくのか。それは，結局，人は本来社会の秩序に障害ないし危険を与えてはならないという条理上の義務を負っているということに尽きる。警察の活動が，公共の安全や秩序の維持といった消極目的のための財産権の制約である限り，それは人に対して新たな侵害を加えるものではない，したがって補償は必要がない。このような考え方は，治安の維持のみが国家本来の目的であるとする19世紀的な自由主義的個人主義的国家観に基づくものである。しかし，現代国家においては，消極目的・積極目的という基準で補償の要否を区別する考え方に合理的根拠があるとはいえず，やはり，補償の要否は，特別の犠牲に当たるかどうかによって，個別具体的に判断すべきものであるといえよう。

Ⅱ　損失補償の内容

(1) 適法な侵害の場合の補償

　その行為により，またはその支配領域にある物の状態により，障害または危険を惹起した者は，警察の措置を補償なしに受忍しなければならない。財産権の規制が災害防止という消極的目的のものである場合，それは財産権を有する者が受忍しなければならない責務であって，損失補償は必要がない，ただし，規制が財産権の剥奪であれば補償が問題となる（最判昭38・6・26刑集17巻5号521頁＝奈良ため池条例事件）。これは，同時に危険防止の財政的負担について，警察責任者（＝障害者）

と納税者全体（＝国民）との配分を定めるものであるということができる。例えば，延焼の虞がある消防対象物に対する処分については消防法上（消防29条2項），また汚染食品の廃棄については，食品衛生法上（食品54条），補償についての規定はない。

(2) 法政策的理由

特別の犠牲が存在しない場合に，補償請求権を認めるかどうかは，立法者の立法裁量にかかっている。立法者は特別の法政策的理由から警察責任者（＝障害者）にも損失請求権を認めることがある。建築基準法第3章の規定に適合しない建築物に対する除却，使用禁止または使用制限等による損害の補償（建基11条1項），感染症の病原体に汚染された建物に係る措置の費用負担（感染症58条6号）などがこれに当たる。

(3) 警察緊急状態における非警察責任者

法律は，警察緊急状態において，警察の危険防止の活動の対象になった非警察責任者に対し，補償を求める請求権を承認している。この補償は，障害ないし危険について責任のない非障害者に特別の犠牲が生じた場合である。したがって危険防止の財政的負担は納税者全体によって負担しなければならない。いわゆる消防法29条3項による破壊消防の措置（最判昭47・5・30民集26巻4号851頁＝破壊消防に伴う損失補償事件），災害時における交通規制の処分（災害基82条），水防のための措置（水防21条2項），水害予防のための措置（水害予防50条但シ書）などについて，補償が認められている。

(4) 事実行為による特別の犠牲

適法な事実上の警察の活動によっても関係者に特別の犠牲が生じることが考えられる。例えば，逃走する犯人に対するけん銃の使用により死傷した通行人，確証のないO-157やBSEの嫌疑に基づく行政機関の警告により重大な損失を受けた農産物また畜産物の生産者・販売者などである。このような場合には特別の犠牲を負わされたことになるから，法律による補償規定がなくても，条理上，補償請求権を認めるべきであるといえよう。

(5) 警察許可の撤回の場合の補償請求権

事後的に撤回を正当化できる事実が生じ，かつ撤回が危険防止のため必要である場合に，警察許可が撤回されたときは，警察許可の存続を信頼したことによって被った財産的損失は，その信頼が保護に値するものである限り，補償しなければならない。

(6) 障害者に対する警察の費用請求権

　障害者は，原則として，自己の手段をもって危険を除去しなければならない。したがって，障害者は危険除去の費用も負担しなければならない。これに対して，危険除去が警察の費用で行われたときは，その費用を障害者に転嫁し負担させることができるかどうかは問題である。警察が必要な措置を法律の直接執行または即時強制として行った場合については，通常，法律に規定がない。この場合は，代執行のように費用を義務者から徴収することはないといえよう。ただ道路交通法は，違法駐車車両の強制的移動措置に係る費用について，車両の移動，保管および公示その他の費用は，その車両の運転者等または所有者等の負担とすると規定し（51条14項），その手続を定めている（同15項〜18項）。

(7) その他の場合

　例えば，サッカー競技，ポップミュージックなどのような大催物やデモなどの場合における非常に高いコストと結びついている警察力の投入について，主催者などに費用を転嫁することが可能かどうかという問題がある。しかし警察法には，この点についての特別の規定がない。

第2部 危険防止

第9章　市民生活

I　児童虐待・高齢者虐待

　児童虐待を防止し，もって児童の権利利益の擁護に資することを目的として，「児童虐待の防止等に関する法律」（平成12・5・24—最終改正平成20　）が制定され，高齢者虐待を防止し，もって高齢者の権利利益の擁護に資することを目的として，「高齢者虐待の防止，高齢者の養護者に対する支援等に関する法律」（平成17・11・9—最終改正平成10）が制定された。

(1) 児童虐待・高齢者虐待

① 児童虐待とは，保護者（親権を行う者，未成年後見人その他の者で，児童を現に監護するものをいう。以下同じ。）がその監護する児童（18歳に満たない者をいう。以下同じ。）について行う次に掲げる行為をいう（児童虐待2条）。

i　児童の身体に外傷が生じ，または生じるおそれのある暴行を加えること（同1号）。

ii　児童にわいせつな行為をすること，またはさせること（同2号）。

iii　児童の心身の正常な発達を妨げるような著しい減食または長時間の放置，保護者以外の同居人による前2号または次号に掲げる行為と同様の行為の放置その他保護者としての監護を著しく怠ること（同3号）。

iv　児童に対する著しい暴言または著しく拒絶的な対応，配偶者に対する暴力その他児童に著しい心理的外傷を与える言動を行うこと（同4号）。

　平成22年度に被災地を除く児童相談所が対応した児童虐待相談は5万5,152件で，児童虐待事件の検挙件数は354件，前年より19件増加し，そのうち身体的虐待が270件，性的虐待が67件，怠慢または拒絶が7件であった。

② 高齢者虐待とは養護者による高齢者（65歳以上の者）虐待および養介護者施設従事者等による高齢者虐待をいう（高齢者虐待2条3項）。虐待の行為は，児童虐待の場合と同様である（高齢者虐待2

条4項, 5項)。

平成22年度に, 高齢者虐待が疑われる事案の相談・通報を市町村が受けた件数は, 前年度より9件多い, 2万5,821件で, 虐待と判断されたものが1万6,764件であった。

(2) 児童虐待・高齢者虐待の防止のための措置

① 児童虐待防止のための措置

i 児童虐待に係る通告

児童虐待を受けたと思われる児童を発見した者は, 速やかに, 市町村, 福祉事務所もしくは児童相談所に通告しなければならない(児童虐待6条)。市町村または福祉事務所が通告を受けたときは, 児童の安全の確認を行うための措置, 児童相談所への送致または一時保護を行う (同8条1項)。児童相談所が通告を受けたときは, 児童相談所長は, 児童の安全の確認のための措置, 必要に応じ一時保護を行うものとする (同8条2項)。

ii 出頭要求等

都道府県知事は, 児童虐待が行われているおそれがあると認めるときは, その児童の養護者に対し, その児童を同伴して出頭することを求め, 児童委員または児童の福祉に関する事務に従事する職員をして, 必要な調査または質問をさせることができる。この場合においては, その身分を証明する証票を携帯させ, 関係者の請求があったときは, これを提示させなければならない (同8条の2第1項)。

iii 立入調査等

都道府県知事は, 児童虐待が行われているおそれがあると認めるときは, 児童委員または児童の福祉に関する事務に従事する職員をして, 児童の住所または居所に立ち入り, 必要な調査または質問をさせることができる。この場合に, その身分を証明する証票を携帯させ, 関係者の請求があったときは, これを提示させなければならない (同9条)。

iv 再出頭要求等

iiiによる立入りまたは調査を拒み, 妨げ, または忌避した場合は, 再出頭を求め, 必要な調査または質問をさせることができる (同9条の2)。

v 臨検, 捜索等

再出頭の求めに応じないときは, 裁判官があらかじめ発する許

可状により，その児童の住所または居所に臨検せ，またはその児童を捜索させることができる (同9条の3)
vi 警察署長に対する援助要請等
　a) 児童相談所長は，児童の安全の確認または一時保護を行おうとする場合において，必要があると認めるときは，警察署長に対し援助を求めることができる。都道府県知事が，立入り，および調査もしくは質問をさせ，または臨検等をさせようとする場合についても，同様とする (同10条1項)。児童相談所長または都道府県知事は，必要に応じ迅速かつ適切に，警察署長に対し援助を求めなければならない (同2項)。
　b) 警察署長は，援助の求めを受けた場合において，児童の生命または身体の安全を確認し，または確保するため必要と認めるときは，所属の警察官に，警職法その他の法令の定めるところによる措置を講じさせるよう努めなければならない (同3項)。
vii 警察の措置
　警察が講じる具体的な援助の措置としては，
　a) 職務執行の現場に臨場し，現場付近に待機し，あるいは状況により児童委員または児童福祉の事務に従事する職員と一緒に立ち入る，
　b) 保護者等が暴行・脅迫的言動により職務執行を妨げようとする場合や児童への加害行為が現に行われようとする場合，警職法5条の警告を発し，または行為を制止し，あるいは同6条に基づき住宅等に立ち入る，
　c) 現に犯罪に当たる行為が行われている場合には，現行犯人として検挙する，などが考えられる。
　　保護者等が児童委員や事務職員の立入調査等の職務執行に抵抗する場合でも，警察官が同行する場合は，効果的にその目的を達成できる場合が多い。
viii 立入調査の強制力
　保護者が立入調査を拒む場合，実力行使をして立ち入ることはできないというのが通説・実務の解釈である。しかし警察官を同行して立入調査をする場合，保護者の抵抗に対して，その児童の安全の確認もできないというのでは，立入調査を法的に認めた意味がない。児童虐待の防止という人身保護について緊急の必要がある場合には，立入調査に対する抵抗を排除する実力行使が許容

されると解すべきであろう。

ix 罰　則

正当の理由がないのに，児童福祉法の規定による立入り，もしくは検査を拒み，妨げ，もしくは忌避した者は，30万円以下の罰金に処せられる（児童福祉62条4号）。しかし罰則の規定が適用されることは実際上ないといってよい。

② 高齢者虐待防止のための措置

i 養護者による高齢者虐待に係る通報

養護者による高齢者虐待を受けたと思われる高齢者を発見した者は，その高齢者の生命または身体に重大な危険が生じている場合は，速やかに，これを市町村に通報しなければならない（高齢者虐待7条）。

ii 通報等を受けた場合の措置

市町村は，速やかに，その高齢者の安全の確認，その他事実の確認のための措置を講ずるとともに，連携協力する者とその対応について協議を行い，高齢者を一時的に老人短期入所施設等に入所させる等，適切に，老人福祉法の定める便宜の提供もしくは養護老人ホームに入所させる等の措置を講じるものとする（同9条）。

iii 立入調査

市町村長は，養護者による高齢者虐待により高齢者の生命または身体に重大な危険が生じているおそれがあると認めるときは，地域包括支援センターの職員その他の高齢者の福祉に関する事務に従事する職員をして，その高齢者の住所または居所に立ち入り，必要な調査または質問をさせることができる（同11条）。

iv 警察署長に対する援助要請等

市町村長は，立入りおよび調査または質問をさせようとする場合において，これらの職務の執行に際し必要があると認めるときは，警察署長に対し援助を求めることができ，また援助を求めなければならない。その場合，警察署長は，高齢者の生命または身体の安全を確保するため必要と認めるときは，所属の警察官に，警職法その他の法令の定めるところによる措置を講じさせるよう努めなければならない（同12条）。

警察の援助の措置および立入調査については，「児童虐待防止のための措置」の項で説明したことと同様である。

Ⅱ　配偶者暴力

　配偶者からの暴力の防止および被害者の保護を図るため,「配偶者からの暴力の防止及び被害者の保護に関する法律」(平成13・4・13—最終改正平成19) が制定された。

(1) 配偶者からの暴力

　配偶者からの暴力とは，配偶者からの身体に対する暴力（身体に対する不法な攻撃であって生命または身体に危害を及ぼすものをいう。）またはこれに準ずる心身に有害な影響を及ぼす言動（「身体に対する暴力等」と総称する。）をいい，配偶者からの身体に対する暴力等を受けた後に，その者が離婚し，またはその婚姻が取り消された場合にあっては，その配偶者であった者から引き続き受ける身体に対する暴力等を含むものとする（配偶者暴力1条）。

(2) 被害者の保護

① 配偶者からの暴力の発見者による通報

　配偶者からの暴力を受けている者を発見した者は，その旨を配偶者暴力相談支援センターまたは警察官に通報するよう努めなければならない（同6条1項）。医師その他の医療関係者も通報することができる（同2項）。

② 警察官による被害の防止

　警察官は，被害者または第三者からの通報等により配偶者からの暴力が行われていると認めるときは，警察法，警職法その他の法令の定めるところにより，暴力の制止，被害者の保護その他の配偶者からの暴力による被害の発生を防止するため必要な措置を講ずるよう努めなければならない（同8条）。必要な措置としては，例えば行為者に対する指導，警告が考えられる。

③ 警察本部長等の援助

　警視総監もしくは道府県警察本部長または警察署長は，配偶者からの暴力を受けている者から，被害を自ら防止するための援助を受けたい旨の申出があり，その申出を相当と認めるときは，その被害を自ら防止するための措置の教示その他必要な援助を行うものとする（同8条の2）。

(3) 保護命令

　地方裁判所は，被害者が配偶者からの身体に対する暴力により，その生命または身体に重大な危害を受けるおそれが大きいときは，被害

者の申立てにより，その生命または身体に危害が加えられることを防止するため，その配偶者に対し，次のような保護命令を出すものとする。

① 6月間，被害者の住居その他の場所において，つきまとい，または被害者の住居，勤務先その他通常所在する場所の付近をはいかいしてはならないこと。
② 2月間，住居から退去すること，およびその住居の付近をはいかいしてはならないこと。

配偶者からの暴力事案に関する警察と他機関との連携

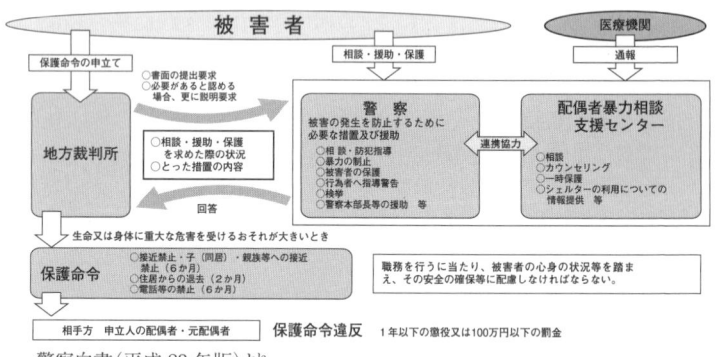

警察白書（平成23年版）より

③ 6月間，次の行為をしてはならない。

a）面会を要求すること，b）その行動を監視していると思わせるような事項を告げ，またはその知り得る状態に置くこと，c）著しく粗野または乱暴な言動をすること，d）電話をかけて何も告げず，または緊急やむを得ない場合を除き，連続して電話をかけ，ファクシミリ装置を用いて送信し，もしくは電子メールを送信すること，e）緊急やむを得ない場合を除き，午後10時から午前6時までの間に，電話をかけ，ファクシミリ装置を用いて送信し，または電子メールを送信すること，f）汚物，動物の死体その他の著しい不快または嫌悪の情を催させるような物を送付し，またはその知り得る状態に置くこと，g）その名誉を害する事項を告げ，またはその知り得る状態に置くこと，h）その性的羞恥心を害する事項を告げ，もしくはその知り得る状態に置き，また

は性的羞恥心を害する文書，図書その他の物を送付し，もしくは
その知り得る状態に置くこと。
④ 6月間，被害者の子の住居，学校その他の場所においてその子
の身辺につきまとい，またははいかいしてはならないこと。
⑤ 6月間，親族等の住居，勤務先その他の通常所在する場所の付
近をはいかいしてならないこと（同10条）。
⑥ 罰 則
　保護命令に違反した者は，1年以下の懲役または100万円以下
の罰金に処せられる。
(4) 運 用
警察白書（平成23年版）によれば，平成22年に，配偶者からの暴
力事案を相談，援助要求，保護要求，被害届，告訴状の受理，検挙等
により認知した件数は3万3,852件であり，そのうち，医療機関から
の通報があったのは60件，警察本部長等の援助を受けたい旨の申出
が9,748件，裁判所から警察に対し保護命令を発したとの通知をした
ものが2,428件，保護命令違反の検挙件数は86件であった。

Ⅲ ストーカー行為

「ストーカー行為等の規制等に関する法律」（平成12・5・24, 以下「ストー
カー規制法」と略す。）は，個人の身体，自由および名誉に対する危害の
発生を防止し，あわせて国民の生活の安全と平穏に資する目的で，ス
トーカー行為を処罰する等ストーカー行為を規制している（ストーカー
1条）。

(1) 規制される行為
① つきまとい
　特定の者に対する恋愛感情その他の好意の感情またはそれが満
たされなかったことに対する怨恨の感情を充足する目的で，特定
の者またはその配偶者，直系もしくは同居の親族その他特定の者
と社会生活において密接な関係を有する者に対し，次のいずれか
の行為をすることを「つきまとい等」という（ストーカー2条1項）。
ⅰ つきまとい，待ち伏せし，道路に立ちふさがり，住居，通勤先，
学校その他の通常所在する場所（以下「住居等」という。）の付近に
おいて見張りをし，または住居等に押し掛けること（同1号）。
ⅱ その行動を監視していると思わせるような事項を告げ，または
その知り得る状態に置くこと（同2号）。

ⅲ 面会, 交際その他の義務のない事を行うことを要求すること（同3号）。
ⅳ 著しく粗野または乱暴な言動をすること（同4号）。
ⅴ 電話をかけて何も告げず, または拒まれたにもかかわらず, 連続して, 電話をかけもしくはファクシミリ装置を用いて送信すること（同5号）。
ⅵ 汚物, 動物の死体その他の著しく不快または嫌悪の情を催させるような物を送付し, またはその知り得る状態に置くこと（同6号）。
ⅶ その名誉を害する事項を告げ, またはその知り得る状態に置くこと（同7号）。
ⅷ その性的羞恥心を害する事項を告げもしくはその知り得る状態に置き, またはその性的羞恥心を害する文書, 図書その他の物を送付しもしくはその知り得る状態に置くこと（同8号）。

② ストーカー行為

ストーカー行為とは, 同一の者に対し, つきまとい等（上記のⅰからⅳまでの行為については, 身体の安全, 住居等の平穏もしくは名誉が害され, または行動の自由は著しく害される不安を覚えさせるような方法により行われる場合に限る。）を反復してすることをいう（同2条1項）。

ストーカー事案対策の枠組み

警察白書（平成23年版）より

(2) 規制措置

法律は, 何人も, つきまとい等をして, その相手方に身体の安全, 住居等の平穏もしくは名誉が害され, または行動の自由が著しく害される不安を覚えさせることを禁止している（同3条）。

(3) 警察の措置

法律は，ストーカー行為の防止について警告，禁止命令，仮の命令などの措置を規定している。
① 警　告
i 警視総監もしくは道府県警察本部長または警察署長（以下「警察本部長等」という。）は，つきまとい等に係る警告を求める旨の申出を受けた場合，ストーカー行為禁止規定に違反する行為があり，かつ，その行為をした者が更に反復してその行為をするおそれがあると認めるときは，その行為をした者に対し更に反復してその行為をしてはならない旨を警告することができる。（同4条1項）。
ii 1の警察本部長等が警告をした場合には，他の警察本部長等は，その警告を受けた者対し，更に警告または仮の命令をすることができない（同4条2項）。
　ストーカー行為をした者は，6月以下の懲役または50万円以下の罰金（同13条）
② 禁止命令等
　都道府県公安委員会（以下，「公安委員会」という。）は，警告を受けた者がその警告に従わずにストーカー行為禁止規定に違反する行為をした場合，その者が更に反復してその行為をするおそれがあると認めるときは，その者に対し，次の事項を命ずることができる（同5条1項）。
i 更に反復してその行為をしてはならないこと（同1号）。
ii 更に反復してその行為が行われることを防止するため必要な事項（同2号）。
　公安委員会は，禁止命令等をしようとするときは，行政手続法13条1項の規定による意見陳述のための区分にかかわらず，聴聞を行わなければならない（同2項）。
　禁止命令等に違反してストーカー行為をした者は（5条1項1号に係るものに限る），1年以下の懲役または100万円以下の罰金（同14条）。そのほか，禁止命令等に違反した者は，50万円以下の罰金（同15条）。
③ 仮の命令
i 警察本部長等は，警告を求める旨の申し出を受けた場合，ストーカー禁止規定に違反する行為があり，かつ，その行為をした者が更に反復してその行為をするおそれがあると認めるとともに，そ

の申出をした者の身体の安全，住居等の平穏もしくは名誉が害され，または行動の自由が著しく害されることを防止するために緊急の必要があると認めるときは，その行為をした者に対し，行政手続法13条1項の規定にかかわらず，聴聞または弁明の機会の付与を行わないで，更に反復してその行為をしてはならない旨を命ずることができる（同6条1項）。

ii 1の警察本部長等が仮の命令をした場合には，他の警察本部長等は，その仮の命令を受けた者に対し，ストーカー禁止規定に違反する行為について，警告または仮の命令をすることができない（同2項）。

iii 仮の命令の効力は仮の命令をした日から起算して15日とする（同3項）。

iv 警察本部長等は，仮の命令をしたときは，直ちに，その仮の命令の内容および日時その他の事項を公安委員会に報告し，公安委員会は，報告を受けたときは，仮の命令があった日から起算して15日以内に，意見の聴取を行わなければならない（同4項，5項）。

v 意見の聴取の結果，その仮の命令が不当でないと認めるときは，聴聞を行わないで禁止命令等をすることができる（同7項）。禁止命令をしたときは，仮の命令は，その効力を失う（同8項）。その仮の命令が不当な場合は，意見の聴取を行った後直ちに，仮の命令の効力を失わせなければならない（同9項）。

(4) 警察本部長等の援助

警察本部長等は，ストーカー行為等の相手方からストーカー行為等に係る被害を自ら防止するための援助を受けたい旨の申出があり，その申出を相当と認めるときは，その相手方に対し，被害を自ら防止するための措置の教示その他必要な援助を行うものとする（同7条1項）。例えば，被害防止のために防犯ブザーの貸し出しなど。

(5) 報告徴収等

警察本部長等は警告または仮の命令をするために必要があると認めるときは，ストーカー行為等をしたと認められる者その他の関係者に対し，また公安委員会は禁止命令等をするために必要があると認めるときは，警告もしくは仮の命令を受けた者その他の関係者に対し，報告もしくは資料の提出を求め，または警察職員に質問させることができる（同9条1項，2項）。

(6) 運 用

ストーカー規制法の運用は、通常、次のような流れで進行することが想定される。

ストーカー行為の被害者は、まず警察に相談し、ストーカー行為等による被害を届け出る。その場合、被害を受けた日時、場所、相手の車両ナンバー、目撃者、相手の写真や言葉、動作等の記録、相手からの手紙、携帯電話への着信記録、受信メール画像の記録、留守番電話や会話の録音、危害を加えられた場合は病院の診断書などを、できるだけ保存し整理しておくことが重要である。警察は、必要に応じ、適切な自衛・対応策を教示・指導し、あるいは法的措置について説明する。また、相手方に指導・警告等を行う。被害者は、自ら被害を防止することができない場合は、相手方を告訴するか、相手方に対して警告を求める申出（＝警告申出書）をするか、あるいは援助を受けたい申出（＝援助申出書）をする。

平成22年に、ストーカー事案として認知された件数は1万6,176件あり、そのうち、警告の件数は1,344、禁止命令等は41、仮の命令は0、援助は2,470、ストーカー行為罪による検挙が220、禁止命令等違反による検挙が9件であった。

平成11年10月の桶川ストーカー殺人事件では、ストーカー行為の被害者から再三にわたるストーカー行為の防止について警察の措置を求める申出があったにもかかわらず、警察がこれを無視し規制措置を懈怠したこともあって、事件は殺人事件にまでになった。ストーカー事件では、真摯かつ敏速に対応する初動警察が重要である。

Ⅳ 迷惑行為

犯罪行為に至らない程度の迷惑行為（小暴力行為）が市民の平穏な生活を脅かすことがある。そこで、昭和37年に東京都の「公衆に著しく迷惑をかける暴力的不良行為等の防止に関する条例」（昭和37.10.11—最終改正・施行、平成20.4.1。以下、「迷惑防止条例」という。）が制定され、以後、各道府県において同様の迷惑防止条例が制定施行されている。以下、東京都の迷惑防止条例をみることにしよう。

この条例の取締りの対象になっている行為は次の通りであり、いずれも禁止されている。

① **乗車券等の不当な売買行為（ダフヤ行為）**　不特定の者に転売する目的で、乗車券・指定券・入場券・観覧券などを、道路・公園・駅・空港・興行場など（＝公共の場所）または汽車・電車・船舶・

航空機など（＝公共の乗り物）において，購入（買占め）し，これを売りつけ，うろつき，人に呼び掛けたりするような行為
② **座席等の不当な供与行為（ショバヤ行為）** 座席，行列の順番，駐車場所などを占める便益を有償で他人に供与するような行為
③ **景品買行為** パチンコ屋などの遊技場付近で客につきまとい，景品を転売し，転売するために，うろつき，つきまとって景品を買い集める行為
④ **粗暴行為（ぐれん隊行為等）** 公共の場所・公共の乗物で，人を著しくしゅう恥させ，人に不安を覚えさせるような卑猥な言動，多数でうろつき，たむろして通行人・入場者などの公衆に対し，いいがかりをつけ，すごみ，不安を覚えさせるような言動，祭礼・興行など多数の集まる場所で，混乱を誘発させ，または助長するような行為，公衆の目に触れるような工作物に対し，ペイント，墨などで暴走族の組織名や図形を表示する行為
⑤ **つきまとい行為等** 特定の者に対するねたみ，恨みその他の悪意の感情を充足する目的で，特定の者・配偶者・親族・その他密接な関係を有する者に対し，つきまとい，待ち伏せ，道路に立ちふさがり，著しく粗野または乱暴な言動，連続して電話をかけ，何も告げず，拒まれても連続して電話をかけ，またはファクシミリで送信すること，汚物，動物の死体その他著しく不快または嫌悪の情を催させる物を送付するなどの行為を反復して行うこと
⑥ **押売行為** 家庭を訪れ，あるいは公共の場所で，物品の販売・加工・修理・遊芸その他の役務の提供を強制し，その対価を執拗に要求すること
⑦ **不当な客引き行為等** わいせつ行為の観覧・提供について客引き・客の誘引，売春類似行為のための客引き・客待ち異性により接待をして酒類を伴う飲食をさせる行為などについて，客引きをし，人に呼び掛け，客を誘引すること，人の身体または衣服をとらえ，所持品を取り上げ，進路に立ちふさがり等執ように客引きすること，人の性的好奇心に応じて人に接する役務に従事する等勧誘すること，性交・性交類似の行為などを撮影するための被写体となるように勧誘すること
⑧ **ピンクビラ等配布等** 公共の場所において，性的好奇心をそそる衣服を脱いだ人の姿態または水着姿の写真または絵で，人の性的好奇心に応じて人に接する役務の提供を表すもの・その文言を

記載したビラ，パンフレットなどを配布すること，公衆電話ボックス内，公衆便所内などにピンクビラ等を貼り付けその他の方法で掲示しまたは配置すること，人の住居等にピンクビラ等を配り，差し入れること

以上の，禁止行為を行った場合は罰則規定により罰せられる。

2年以下の懲役，1年以下の懲役および6月以下の懲役，拘留または科料という段階がある。また，罰金には100万円以下，50万円以下，30万円以下および20万円以下の段階がある。

法人または人の業務に関し，法人の代表者・代理人・使用人その他の従業者が違反行為をしたときは，その行為者が罰せられるほか，その法人または人に対しても，罰金刑が課せられる。

第10章 道路交通

　交通の取締りは警察の責務である (警察2条)。交通の取締りとは, 警察が交通を監視・管理し, 交通規制の遵守を点検する措置の総体をいう。交通の取締りは, 交通の安全を改善し, 交通事故を予防し, 交通公害を緩和すべきものであり, 交通の取締りによって交通の安全と秩序が維持され, 回復され, また高められなければならない。交通の取締りには, 交通規制, 交通事故対策, 交通指導および交通安全教育・運動が含まれる。

　道路交通法 (昭和35・6・25—最終改正平成21 以下,「道交法」と略す) は, 交通取締りの根幹をなす法律であるということができる。

I 交通の規制 (安全対策)

(1) 公安委員会の規制

　都道府県公安委員会 (以下,「公安委員会」と略す。) は, 信号機または道路標識等を設置し, および管理して, 交通整理, 歩行者または車両等の通行その他道路における交通の規制をすることができる (道交4条1項前段)。信号機と道路標識は, 交通の安全で円滑な運営を図る上で不可欠の施設である。信号機の新規設置と道路標識の改良によって交通事故の減少が期待できる。

　信号機による交通信号は, 一般処分の形式での行政処分である。行政処分は名宛人として常に特定の人を必要とするが, 交通信号は不特定多数の人を対象としている。しかし交通信号の設置は, 交通制限または交通禁止の繰返しであり, 常に繰り返される告示によって人は十分に特定されると考えられ, 処分性を有するということができよう。

(2) 警察官等の交通規制

　警察官は, 手信号その他の信号により交通整理を行うことができるし, 交通が著しく混雑するおそれがある場合, その現場に進行してくる車両等の通行を禁止し, もしくは制限し, 運転者に対し, その車両を後退させることを命じ, または法律の規定する通行方法と異なる通行方法によるべきことを命じ, 火災等の発生により道路において交通の危険が生ずるおそれがある場合に, 緊急の必要があると認めるときは, 一時, 歩行者または車両等の通行を禁止し, または制限すること

ができる (同6条)。

(3) 車両に対する規制
① 速　度

　速度規制としては，次の規制がある。車両は，最高速度を超える速度で進行してはならない (道交22条)。公安委員会は，最高速度違反行為に係る車両の使用者 (運転者を除く。) に対し，最高速度違反行為となる運転が行われないよう運転者に指導または助言することその他最高速度違反行為を防止するため必要な措置をとることを指示することができる (同22条の2)。自動車は，最低速度が指定されている道路では，その最低速度に達しない速度で進行してはならない (同23条)。運転者は急ブレーキをかけてはならない (同24条)。

　スピード取締りには，一般には，俗にネズミ捕りといわれる定域測定式，白バイなどによる追尾測定式，レーダーにより瞬間時速を測定するレーダー方式，光電式などがあるが，それぞれに問題点があるようである。最高速度は平均速度ではないから，一瞬制限速度を越えても，最高速度違反となる。平成22年中における最高速度違反は約237万件，酒酔い・酒帯運転が約4万件，無免許運転が約3万4,000件であった。

　最高速度違反の行為をした者は，6ヵ月以下の懲役または10万円以下の罰金 (同118条1項1号)。過失の場合は，3ヵ月以下の禁錮または10万円以下の罰金 (同2項)。過失の態様としては，i 運転者が進行している道路の制限速度を不注意で知らなかった場合，ii 運転している自動車が制限速度を超過した速度で進行していることを不注意で知らなかった場合がある。

② 停車および駐車

　停車および駐車についての規制としては，停車および駐車を禁止する場所 (同44条)，駐車を禁止する場所 (同45条)，その特例 (同46条)，停車または駐車の方法 (同47条)，その特例 (同48条)，時間制限駐車区間 (同49条) などについて規定している。

　駐車とは，車両等が客待ち，荷待ち，貨物の積卸し，故障その他の理由により継続的に停止すること (貨物の積卸しのための停止で5分を超えない時間内のものおよび人の乗降のための停止を除く。)，または車両等が停止し，かつ，運転をする者がその車両を離れて直ちに運転することができない状態にあることをいう (同2条1項

18号)。停車とは，車両等が停止することで駐車以外のものをいう(同19号)

平成22年の駐車違反取締り件数は，202万655件件であり，1万4,543台をレッカー移動している。警察実務では，「直ちに運転できない状態」であるかどうかが取締りの判断基準となり，運転者不在の車両を取締りの対象とする傾向があるようである。

(4) 違法駐車に対する措置
① 是正措置命令

警察官および交通巡視員は，違法駐車について是正措置命令を出すことができる。是正措置命令の相手方は，運転者のほか，「当該車両の管理について責任がある者」である。責任ある者とは，その車両の所有者または使用者をいう。是正措置命令の内容は，駐車方法に違反しているときは駐車の方法の変更であり，禁止場所に駐車し，または駐車時間を超えて駐車しているときは，車両の移動である(同51条1項)

是正命令に従わなかった者は，3月以下の懲役または5万円以下の罰金(同119条1項3号)

② 車輪止め装置の取付け

公安委員会は，違法駐車行為が常態として行われている道路の区間について，車輪止め装置取付け区間として指定することができる。この場合，その区間が車輪止め装置取付け区間である旨の表示をしなければならない(同51条の2第1項)。警察署長は，やむを得ないと認めるときは，違法駐車行為に係る車両に車輪止め装置を取り付けることができる(同2項)。

車輪止め装置とは，車輪を固定して車両の移動を防止する装置をいう。「やむを得ないと認めるとき」とは，スピーカーによる警告や違法駐車標章の取付け等では，違法駐車行為を解消することが困難な場合をいう。

車輪止め装置を取り付けるときは，その車両の見やすい箇所に，標章を取り付けなければならない(同5項)。

車輪止め装置を破損し，または取り除いた者は，1年以下の懲役または10万円以下の罰金(同117条の5第2号)。標章を破損し，もしくは汚損し，これを取り除いた者は，2万円以下の罰金または科料(同121条1項9号)。

③ 駐車監視員

第2部 危険防止

　駐車監視員は違法駐車対策を強化するため平成18年に導入された。平成22年，駐車監視員は2,108人であり，委託企業数は67法人である。警察官の代わりに巡回して駐車の監視をする。反則告知はできないが，違法駐車を確認した場合，車のナンバーを撮影し，標章を貼り，管轄の警察署長に報告をする。各警察は，監視員を雇用している民間企業と委託契約をしている。近年，市民の監視員に対する暴力事件が増えてきている。

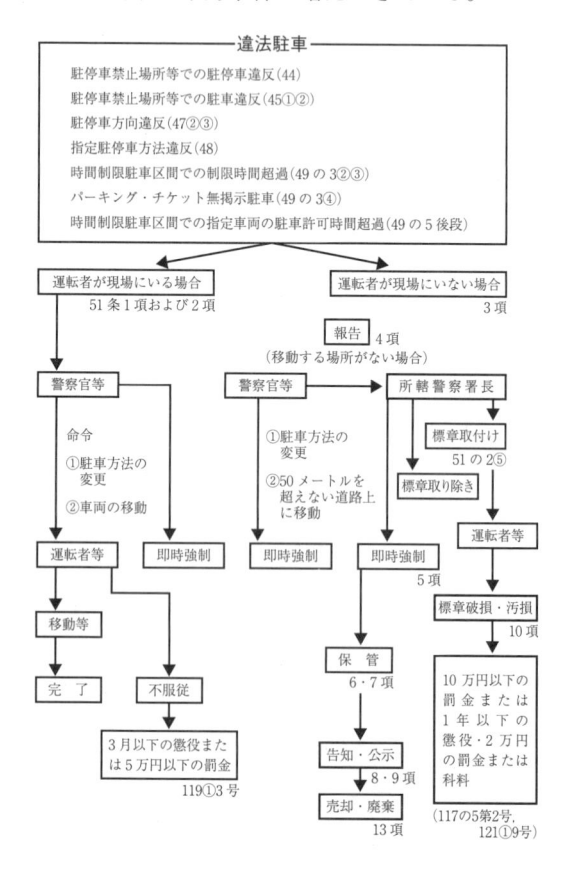

```
─── 違法駐車 ───
駐停車禁止場所等での駐停車違反(44)
駐停車禁止場所等での駐車違反(45①②)
駐停車方向違反(47②③)
指定駐停車方法違反(48)
時間制限駐車区間での制限時間超過(49の3②③)
パーキング・チケット無掲示駐車(49の3④)
時間制限駐車区間での指定車両の駐車許可時間超過(49の5後段)
```

運転者が現場にいる場合　51条1項および2項

運転者が現場にいない場合　3項

報告　4項
（移動する場所がない場合）

警察官等
命令
①駐車方法の変更
②車両の移動

警察官等
①駐車方法の変更
②50メートルを超えない道路上に移動

所轄警察署長
標章取付け　51の2⑤
標章取り除き

運転者等
移動等
完了／不服従
即時強制
即時強制
即時強制　5項
運転者等

標章破損・汚損　10項

3月以下の懲役または5万円以下の罰金
119①3号

保管　6・7項
告知・公示　8・9項
売却・廃棄　13項

10万円以下の罰金または1年以下の懲役・2万円の罰金または料
（117の5第2号，121①9号）

(5) **強 制 移 動**
① 強制移動の要件

　強制移動を行うことができる要件は，車両の故障その他の理由によりその車両の運転者等が直ちに是正措置命令に従うことが困難であると認める場合であって，この場合警察官等は，道路における危険を防止し，その他交通の安全と円滑を図るために必要な限度において，その車両の駐車の方法を変更し，または車両を移動することができる (同51条2項)。強制移動は，是正措置命令が前提になっているという点で，代執行または法律の直接執行と解する余地があるが，通説は即時強制であると解している。

② 現場に運転者がいない場合

　警察官等は，駐車の方法の変更その他必要な措置をとり，またはその車両が駐車している場所からの距離が50メートルを超えない道路上の場所にその車両を移動することができる (同3項)。

　移動する場所がないときは，警察署長にその旨を報告しなければならず (同4項)，報告を受けた警察署長は，駐車場，空地などその他の場所にその車両を移動することができる (同5項)。違法駐車車両の強制移動は，是正措置命令を前提としないという点で，即時強制に当たるということができる。

③ 費　用

　車両の移動，車両の保管，公示その他の措置に要した費用は，その車両の運転者等または使用者もしくは所有者の負担となる (同15項)。

II 交通反則金制度

　交通反則金制度は，大量に発生している運転者の交通違反事件を迅速かつ合理的に処理するために，比較的軽微な罰則規定の該当者に対し，これを反則行為として反則金の納付を命じ，これに服する場合に公訴しないで刑事手続から切り離し，事件を終了させる制度である。したがって，危険性の高い，または悪質な交通違反事件には適用されない。

(1) **反 則 行 為**

　反則行為とは，道交法第8章の罪に当たる行為のうち，道交法別表第2に列挙するものであって車両等の運転者がしたものをいう (道交125条1項)。いずれも，スピード違反，信号無視など違反の程度が比

較的軽微で，違反事実が現認・明白・定型的なものである。

ただし，反則行為をした運転者であって，次のいずれかに該当する者は，反則者とならない。

ⅰ 運転免許を受けていない者　ⅱ 反則行為をした場合，酒に酔った状態，薬物等の影響で正常な運転ができないおそれがある状態または身体に法定量以上のアルコールを保有する状態で車両等を運転している者　ⅲ 反則行為をし，よって交通事故を起こした者（同2項）。

また，反則者に該当する場合であっても，その者が，居所または氏名が不明であるとき，逃亡のおそれがあるときは，交通反則金制度の適用はない（同126条1項1号，2号）。

(2) 反 則 金

反則金とは，反則者が道交法第9章の「反則行為の処理手続の特例」の適用を受けようとする場合に，国に納付すべき金銭をいい，その額は，道交法別表第2に定める金額（＝反則金の限度額）を超えない範囲内において，定められている。

(3) 処 理 手 続

① 反則行為の告知および通知

　警察官は，反則行為があると認めるときは，速やかに，反則行為の事実，反則行為の種類およびその者が通告を受けるための出頭の期日・場所を書面で告知する（交通反則通知書）。ただし，出頭の期日および場所の告知は，その必要がないと認めるときは，この限りでない。この場合，警察官は，都道府県警察本部長に速やかにその旨を報告しなければならない（同126条）。報告を受けた場合，理由を明示して反則金の納付を書面で通知するものとする。（同127条）。

② 反則金の納付および仮納付

　反則金の納付は，通告を受けた日の翌日から起算して10日以内に，国に対してしなければならない（同128条1項）。反則金を納付した者は，その反則行為事件について，公訴を提起されず，または20歳未満の少年が反則者である場合には家庭裁判所の審判に付されない（同2項）。

　告知を受けた者は，反則金に相当する金額を仮に納付することができる。この場合，警察本部長の通告がなされる前の場合には，反則金に相当する金額の納付が反則金の納付とみなされるが，通知をうけた後は，この限りでない（同129条）。

(4) 反則者に係る刑事事件・保護事件

反則者は，反則金の納付の通告を受け，かつ，通告を受けた日の翌日から起算して10日を経過した後でなければ，反則行為に係る事件について，公訴を提起されず，または家庭裁判所の審判に付されない（同130条）。

反則者が，反則金の納付の通告を受けてもこれに従わない場合には，正式の刑事手続に移行する。いったん通告処分に従い反則金を納付した者は，後に，その通告処分に対し取消訴訟を提起することは認められず，通告処分に従いたくない者は，反則金を納付せずに，後に，刑事手続で無罪を主張しなければならない（最判昭57・7・15民集36巻6号1169頁＝反則金通告事件）。

家庭裁判所は，通告があった事件について審判を開始した場合において，相当と認めるときは期限を定めて反則金の納付を指示することができる。この場合，反則金の額は家庭裁判所が定める（同130条の2）。

(5) 交通反則通告制度の問題点

交通反則通告制度は，警察権の判断によって，加害者の刑事責任を免れさせるもので，疑問であるという考え方がある。この点について通説は，反則行為が法律により定型的に定められ，かつ軽微な違反行為であり，公共の福祉に影響する程度がわずかであり，反対に，交通違反の激増のため，軽微な事件については簡易・迅速に処理する必要があるから，違憲ではないという。交通反則通告制度は，実務上，定着しているということができる。

Ⅲ 交通事故対策

(1) 交 通 事 故

交通事故は，道路交通と交通危険の関連において，関係者の意図しない人の死傷または物の損壊となる突発的な出来事である。道交法は，交通事故を「車両等の交通による人の死傷または物の損壊をいう」と定義している（道交72条1項）。交通事故の場合に行うべき警察の措置は，交通事故の当事者および被害者の証拠の保全について私的利益を保護し，損害賠償請求権を確保し，または加害者側の不当な言動ないし要求を阻止することを目的とする。とくに道路交通事故の場合，警察には緊急課題として，被害者の応急手当および救護の義務がある。

交通事故の場合，危険防止と刑事訴追が重要な問題である。危険防止のためには，あらゆる必要な措置をしなければならないが，その場

合，救急車，病院，消防のような危険防止について関連する他の機関との密接な協議・協力が重要である。刑事訴追については，警察は，事実関係を究明し，道交法の違反行為を認定し，証拠を保全しなければならない。必要な措置は，事故の重大性，状況および交通事情によって決まる。軽微な損害事故の場合には通常交通障害物の除去で済むが，重大な人身事故の場合には事実関係を明らかにするため，警察によって事故現場が確保され，必要な場合に通行止めが行われたときは，交通渋滞を甘受しなければならない場合もある。

(2) **交通事故の場合の措置**

交通事故があったときは，その車両等の運転者その他の乗務員は，直ちに車両等の運転を停止して，負傷者を救護し，道路における危険を防止する等必要な措置を講じなければならない（同72条1項前段）。現場から逃げると人身事故なら「ひき逃げ」，物件事故なら「当て逃げ」となる。人の死傷があった場合において，この規定に違反した場合は，5年以下の懲役または50万円以下の罰金，人の死傷が運転者の運転に起因するものであるときは，10年以下の懲役または100万円以下の罰金（(同117条)）。

この場合，運転者は，警察官に発生した交通事故について報告をしなければならない（同72条1項後段）。報告の内容は，ⅰ事故発生の日時および場所　ⅱ死傷者の数，負傷の場合はその程度，ⅲ損壊した物とその程度，ⅳ車両等の積載物　ⅴ交通事故について講じた措置，である。報告を受けた最寄りの警察官は，運転者等に対し，負傷者を救護し，必要があると認めるときは，その運転者に対し，警察官が現場に到着するまで現場を去ってはならない旨を命ずることができる（同72条2項）。命令に従わなかった者は5万円以下の罰金（同12条1項12の2号）。その場合，現場にある警察官は運転者等に対し，必要な指示をすることができる（同3項）。交通事故があった場合，運転者以外の者でその車両に乗車している者は，運転者が救護および必要な措置を講じ，または報告するのを妨げてはならない（同73条）。妨害の禁止規定に違反した者は，5万円以下の罰金（同120条1項9号）。

交通事故の存在については，警察が発行する交通事故証明書が重要である。交通事故証明書は保険金の請求，損害賠償請求訴訟などの場合に必要となる。

Ⅳ 道路の使用

(1) 道路における禁止行為

① 信号機等の設置の禁止

　何人も，信号機，道路標識等またこれらに類似する工作物や物件をみだりに設置してはならない（道交76条1項・2項）。違反した者は，6月以下の懲役または10万円以下の罰金（同118条14号）。行為者のほか，法人等も罰せられる（同123条）。

② 物件を道路に置くことの禁止

　何人も，交通の妨害となるような方法で物件をみだりに道路に置いてはならない（同76条3項）。例えば，廃車を道路上に放棄すること。違反した者は，3月以下の罰金または5万円以下の罰金（同119条1項12の5号）。行為者のほか，法人等も罰せられる（同123条）。

③ その他の禁止行為

　ⅰ 道路において，酒に酔って交通の妨害となるような程度にふらつくこと

　ⅱ 道路において，交通の妨害となるような方法で寝そべり，すわり，しゃがみ，または立ち止まっていること

　ⅲ 交通のひんぱんな道路において，球戯をし，ローラー・スケートをし，またはこれに類する行為をすること

　ⅳ 石，ガラスびん，金属片その他道路上の人もしくは車両等を損傷するおそれのある物件を投げ，または発射すること

　ⅴ 道路において進行中の車両等から物件を投げること

　ⅵ 道路において進行中の自動車，トロリーバスまたは路面電車に飛び乗り，もしくはこれから飛び降り，またはこれらに外からつかまること

　ⅶ 以上のほか，道路または交通の状況により，公安委員会が，道路における交通の危険を生じさせ，または著しく交通の妨害となるおそれがあると認めて定めた行為（同76条4項）。

違反した者は，5万円以下の罰金（同120条1項9号）。

(2) 道路使用の許可

次のいずれかに該当する者は，所轄警察署長の許可を受けなければならない（同77条1項）。ⅰ道路において工事または作業をしようとする者またはその請負人，ⅱ石碑，銅像，広告板，アーチその他これに類する工作物を設けようとする者，ⅲ場所を移動しないで，道路

に露店、屋台店その他これらに類する店を出そうとする者、ⅳ以上のほか、道路において祭礼行事をし、またはロケーションをする等一般交通に著しい影響を及ぼすような行為で、公安委員会が、その土地の道路または交通の状況により、道路における危険を防止し、その他交通の安全と円滑を図るため必要と認めて定めたものをしようとする者。マラソン、デモ行進などはⅳに当たる。

違反した者は、3ヵ月以下の懲役または5万円以下の罰金（同119条1項12の4号）。行為者のほか、法人等も罰せられる（同123条）。

(3) 許可要件および手続

① 許可要件

許可の申請があった場合、申請に係る行為が次のいずれかに該当するときは、所轄警察署長は許可をしなければならない（同77条2項）。ⅰ申請に係る行為が交通の妨害となるおそれがないと認められるとき　ⅱ申請に係る行為が許可に付された条件に従って行われることにより交通の妨害となるおそれがなくなると認められるとき　ⅲ申請に係る行為が交通の妨害となるおそれはあるが公益上または慣習上やむを得ないものであると認められるとき。

許可をする場合、必要があると認めるときは、条件を付けることができる（同3項）。特別の必要が生じたときは、条件を変更し、または新たな条件を付けることができる（同4項）。

違反した者は、3ヵ月以下の懲役または5万円以下の罰金（同119条1項13号）。行為者のほか、法人等も罰せられる（同123条）。

② 許可の手続

許可を受けようとする者は、一定の事項を記載した申請書を所轄警察署長に提出しなければならない（同78条）。申請書は、道路法の適用を受けるものであるときは、その道路の管理者を経由して行うことができ（同78条1項・2項）、この場合、所轄警察署長は、あらかじめ、その道路の管理者と協議しなければならない（同79条）。

なお、道路は、道路管理権と警察権の二重の規制を受けている。道路管理者は、道路管理の観点から、道路の利用について規制をしているので、道路交通の危険防止の観点から行われる警察権の規制とは異なる。また、屋外広告物法およびそれに基づく都道府県または指定都市の屋外広告物条例は、美観風致を維持し、公衆に対する危害を防止するため、屋外広告物の規制をしている。

V 危険防止等の措置

(1) 違法工作等に対する措置

警察署長は、次のいずれかに該当する者に対し、違反行為に係る工作物または物件の除去、移転、または改修、違反行為に係る工作物等または工事等にについて、道路における危険を防止し、または交通の妨害を排除するため必要な措置をとることを命ずることができる（同81条1項）。

 i 信号機等の工作物設置の禁止に違反して工作物等を設置した者
 ii 物件を道路に置くことの禁止に違反して物件を置いた者
 iii 道交法77条1項の規定に違反して、許可を受けないで、工作物等を設置し、または工事を行った者
 iv 所轄警察署長が付した条件に違反した者
 v 道交法77条7項の規定に違反してその工作物の除去その他道路を現状に回復する措置を講じなかった者。

警察署長の命令に従わなかった者は、3ヵ月以下の懲役または5万円以下の罰金（同119条1項14号）。行為者のほか、法人等も罰せられる（同123条）。

警察署長が、必要な措置を命ずることができないときは、自らその措置をとることができる。この場合において、工作物を除去したときは、その工作物を保管しなければならない（同2項）。

(2) 沿道工作物等の危険防止の措置

警察署長は、沿道の工作物等が道路における交通の危険を生じさせ、または著しく交通の妨害となるおそれがあるときは、工作物の除去その他工作物等について道路における交通の危険を防止し、または交通の円滑を図るため必要な措置をとることを命ずることができる（同82条1項）。

警察署長の命令に従わなかった者は、3月以下の懲役または5万円以下の罰金（同119条1項14号）。行為者のほか、法人等も罰せられる（同123条）。

警察署長が、必要な措置をとることを命ずることができないときは、自らその措置をとることができる。この場合において、工作物を除去したときは、その工作物を保管しなければならない（同2項）。

(3) 工作物等に対する応急措置

警察官は、道路または沿道に設置されている工作物等または転落積

載物等が著しく道路における交通の危険を生じさせ，または交通の妨害となるおそれがあり，かつ，急を要すると認めるときは，道路における危険を防止し，または交通の妨害を排除するため必要な限度において，その工作物または転落積載物等の除去，移転その他応急の措置を採ることができる。この場合，警察官がその工作物または転落物を，警察署長に差し出さなければならず，警察署長は，これを保管しなければならない（同83条）。

第11章 営　業

　営業の自由の保障は憲法に明記されていないが,職業選択の自由（憲22条1項）に含まれる。しかし,職業選択の自由,したがって営業の自由が公共の福祉によって制約されることは憲法22条1項が明言している。

　とくに警察法における営業の規制は,公共の安全と秩序の維持という消極的な視点からの規制を中心とし,営業開始の自由を事前に予防的なコントロールに服せしめる許可制と営業活動の自由の制限,すなわち営業活動の場所・時・方法等の自由を制限する手法をとってきた。しかし,近年は,風俗営業などについて営業の健全化・適正化を目的とし,警察は積極的規制の姿勢を示していることが注目される。同時に,営業に対する警察の規制は,既存業者の権益を擁護し,新規業者の市場参入を制限することによって,既存業者と癒着する側面も有することに注意しなければならない。

I　古物・質屋営業

(1) 規制の目的

　古物営業法（昭和24・5・28—最終改正平成16）は盗品等の売買の防止,速やかな発見等,窃盗その他の犯罪の防止および被害の迅速な回復に資することを目的とし,質屋営業法（昭和25・7・1—最終改正平成18）は公共の安全と秩序に対する危険の監視と防止,とくに盗品等の発見による犯罪の防止および質屋主の保護を目的としている。

　古物営業とは,1度使用された物品もしくは使用されない物品で使用のため取引されたもの,またはこれらの物品に幾分の手入れをしたもの（＝古物）を,売買し,もしくは交換し,または委託を受けて売買し,もしくは交換する営業をいう（古物2条）。古物商とは,古物営業の許可を受けて営業を営む者をいう。古物営業は,昭和37年末には最小の23万3,586業者であったが,その後,自動車や家電の古物商が激増し,平成3年末には57万6,484業者に達した。

　質屋営業とは,物品（有価証券を含む。）を質に取り,流質期限までにその質物で担保される債権の弁済を受けないときは,その質物をもってその弁済に当てる約款を付して,金銭を貸し付ける営業をいう

(質屋1条1項)。質屋とは，質屋営業を営む者で，質屋営業の許可を受けた者をいう。質屋営業者数は，昭和23年に2万1,539業者に達したが，金融状況の変化により庶民金融としての質屋営業者数は，次第に減少し，平成3年末には6,313業者となっている。

(2) 許 可

古物または質屋営業を営もうとする者は，営業所・古物市場または営業所ごとに，その所在地の都道府県公安委員会の許可を受けなければならない，次のいずれかに該当する場合は，許可をしてはならない(古物4条，質屋3条)。

① 禁錮以上の刑に処せられ，または一定の罪を犯して罰金の刑に処せられ，その執行を終わり，または執行を受けることのなくなった日から起算して5年（質屋営業の場合は3年）を経過していない者
② 住居の定まらない者
③ 古物営業・質屋営業を取り消され，その取り消しから5年（質屋営業の場合は3年）を経過しない者など

無許可で営業をした者は，古物営業の場合は3年以下の懲役または100万円以下の罰金（古物31条），質屋営業の場合は3年以下の懲役もしくは10万円以下の罰金，またはこれを併科(質屋30条)。

(3) 相手方・質置主の身分確認および不正品の申告義務

身分確認義務は，盗品の流通を防止するために設けられている古物営業法・質屋営業法上の重要な制度である。古物商は，古物を買い受け，もしくは交換するため，または売却もしくは交換の委託を受けようとするとき，質屋は物品を質に取ろうとするときは，その相手方・質置主の住所，氏名，職業および年齢を確認しなければならない（古物15条，質屋13条）。

不正品の疑いがあると認めるときは，直ちに警察官にその旨を申告しなければならない（古物15条2項，質屋13条）。

違反した者は，古物商の場合は6月以下の懲役または30万円以下の罰金（古物33条1号），質屋の場合は6ヵ月以下の懲役もしくは1万円以下の罰金，またはこれの併科（質屋32条）。

(4) 帳簿の備付け

古物商・質屋は，盗品等の証拠保全のため，取引・質契約の年月日，物品の品目・数量・特徴・相手方の住所，氏名・職業・年齢・特徴など，その都度，帳簿に記載しなければならない（古物16条，質屋14条）。

この帳簿は3年間保存する義務があり, き損, 亡失, 滅失・盗み取られたときは, 直ちに, 警察署長に届け出なければならない (古物, 18条, 質屋15条)。

違反した者は, 古物商の場合, 6ヵ月以上の懲役または30万円以下の罰金 (古物33条1号・2号), 質屋の場合, 違反した者は6ヵ月以下の懲役もしくは1万円以下の罰金, またはこれの併科, 帳簿のき損, 亡失等の場合は1万円以下の罰金 (質屋32条, 33条)。

(5) 品 触 れ

品触れとは, 紛失品または贓品 (＝財産犯によって得られた財物) などの発見を容易にするため, 警察署長等が, その品目や特異事項を摘記して古物商, 質屋などに触れ示すことをいう。

警視総監, 道府県警察本部長または警察署長は古物商・古物市場主または質屋に対して, 盗品・贓品の品触れを発することができる。品触れを受けたときは, 古物商・古物市場主または質屋は, 品触書に到達の日付を記載し, その日から6ヵ月間これを保存し, 品触れに相当する物を受け取ったときは, その旨を直ちに警察官に届け出なければならない (古物19条1項, 質屋21条)。

違反した者は, 古物商または古物市場主の場合, 6ヵ月以下の懲役または30万円以下の罰金 (古物32条1号・4号), 質屋の場合, 保存および届出をしない者は6ヵ月以下の懲役もしくは1万円以下の罰金, またはこれの併科, 過失により届出をしない者は拘留または科料 (質屋32条, 34条)。

(6) 差 止 め

古物商が買い受け, もしくは交換し, または売却もしくは交換の委託を受けた古物について, また質屋が質物または流質物として所持する物品について, 盗品・贓物または遺失物であると疑うに足りる相当な理由がある場合において, 警察署長は, その古物商・質屋に対し30日以内の期限を定めて, その古物・物品の保管を命ずることができる (古物21条, 質屋23条)。

違反した者は, 6ヵ月以下の懲役または30万円以下の罰金。質屋の場合は併科がある (古物33条5号, 質屋23条)。

(7) 盗品および遺失物の回復

被害者または遺失主は, 古物商または質屋に対し, これを無償で回復することを求めることができる。ただし, 盗難または遺失の時から1年を経過した後においては, この限りでない (古物20条, 質屋22条)。

(8) 警察官の立入りおよび調査

警察官は，営業時間中において，古物商・質屋の営業所および古物・質物の保管場所などに立ち入り，古物・質物および帳簿を検査し，または関係者に質問することができる。この場合，警察官は，身分を証明する警察手帳を携帯し，これを提示しなければならない（古物22条，質屋24条）。

立入りまたは質物もしくは帳簿の検査を拒み，妨げ，または忌避した者は，古物商の場合10万円以下の罰金，質屋の場合1万円以下の罰金（古物34条，質屋32条）。

Ⅱ 風俗営業

風俗に関する警察は，多元的な成熟した社会において，善良な風俗とは何か，善良な風俗に反する反社会的行為とはどのような行為か，反社会的行為についてどのような法的規制をするべきかという問題に直面している。この点についての解答が，「風俗営業との規制及び業務の適正化等に関する法律」（昭和23・7・10—最終改正平成21 以下，「風営適正化法」と略す。）である。その目的規定は，風俗営業および風俗関連営業の反社会性についての危険防止という消極的規制のみならず，従前の風俗営業取締法と違って，顧客，従業員および住民の保護を目的とするものであり，風営適正化法は，清浄な風俗環境を保持し，少年の健全な育成に障害を及ぼす行為を防止し，風俗営業の健全化に資するため，その業務の適正化を促進するという積極的目的を掲げていることが注目されよう。

(1) 風俗営業の種類

① 風俗営業とは，次のいずれかに該当する営業をいう（風俗2条1項）。

　i キャバレーなどの設備を設けて客にダンスをさせ，客に飲食をさせる営業（1号）

　ii 待合，料理店，カフエーなど設備を設けて客の接待をして客に遊興または飲食させる営業（2号）

　iii ナイトクラブなど設備を設けて客にダンスをさせ，客の接待をして客に飲食させる営業（3号）

　iv ダンスホールなど設備を設けて客にダンスをさせる営業（4号），i～iiiの営業および客にダンスを教授する営業を除く。

　v 喫茶店，バーなど設備を設けて客の飲食させる営業で，客席

における照度を10ルクス以下として営む「低照度飲食店」(5号），ⅰ～ⅲの営業として営むものを除く。
ⅵ 喫茶店，バーなど設備を設けて客に飲食させる営業で，他から見通すことが困難で，その広さが5平方メートル以下である客席を設けて営む「区画飲食店」(6号)
ⅶ まあじゃん屋，ぱちんこ屋など設備を設けて客の射幸心をそそるおそれのある遊技をさせる営業（7号）
ⅷ スロットマシン，テレビゲーム機など遊技設備で本来の用途以外の用途として射幸心をそそるおそれのある遊技に用いることができるものを備える店舗その他これに類する区画された施設においてその遊技設備により客に遊技をさせる営業，ⅶの営業を除く（8号）。「遊技設備」には，フリッパーゲーム機，ルーレット台，トランプおよびトランプ台その他ルーレット遊技またはトランプ遊技に類する遊技の用に供する遊技設備を含む。

　なお，ドライブゲーム，飛行機操縦ゲームその他これに類するゲーム機などについては，賭博，少年のたまり場等の問題が生じないかどうかを見守り，当面，規制の対象にしていない。

風俗営業の営業所数の推移（平成20～22年）

区 分 \ 年 次	20	21	22
総数(軒)	106,864	104,920	102,207
第1号営業(キャバレー等)	3,668	3,379	3,128
第2号営業(料理店、カフェー等)	67,330	67,034	66,009
第3号営業(ナイトクラブ等)	512	486	467
第4号営業(ダンスホール等)	232	216	197
第5号及び第6号営業	11	39	7
第7号営業	26,974	26,104	25,262
まあじゃん屋	13,920	13,343	12,687
ぱちんこ屋等(注)	12,937	12,652	12,479
その他	117	109	96
第8号営業(ゲームセンター等)	8,137	7,662	7,137

注：ぱちんこ屋及び回胴式遊技機等を設置して客に遊技させる営業
警察白書(平成23年版)より

② 性風俗関連特殊営業

　性風俗関連特殊営業とは，店舗型性風俗特殊営業，無店舗型性風俗特殊営業，映像送信型性風俗特殊営業，店舗型電話異性紹介

営業および無店舗型異性紹介営業をいう（風俗2条5項）。
　i　店舗型性風俗特殊営業とは，次のいずれかに該当する営業をいう（同6項）。ソープランド，店舗型ファッションヘルス営業，ストリップ劇場等，ラブホテル・モーテル等，アダルトシップ，出会い系喫茶営業等
　ii　無店舗型性風俗特殊営業とは，次にいずれかに該当する営業をいう（同7項）。派遣型ファッションヘルス営業，アダルトビデオ等通信販売営業
　iii　映像送信型性風俗特殊営業には，インターネット上のホームページを利用する形態のほか，ダイヤルＱ2，パソコン通信を利用する形態等が該当する。
　iv　無店舗型電話異性紹介営業は，いわゆるツーショットダイヤル等店舗を設けずに営まれるものである。
　なお，接客業務受託営業とは，専ら，接待飲食等営業，店舗型性風俗特殊営業または酒類提供飲食店営業を営む者から委託を受けて，その営業所において客に接する業務の一部を行うことを内容とする営業をいい（同11項），具体的には，コンパニオン派遣業，外国人芸能人招聘業，芸者置屋業などがこれに該当する。

(2) 風俗営業の許可

　風俗営業を営もうとする者は，風俗営業の種別に応じて，営業所ごとに，都道府県公安委員会（以下，「公安委員会」と略す。）の許可を受けなければならない。公安委員会は，許可に条件を付し，およびこれを変更することができる（風俗3条）。許可をしたときは，許可証を交付しなければならない（同5条）。

　通説によれば，風俗営業の許可は，いわゆる警察許可であり，警察上の裁量許可であるという。すなわち，許可申請が許可基準を満たしている場合でも，法律の目的を達成するために，具体的な障害をもたらすような事情があれば，許可をしないこともできる。しかし，このような解釈は民主制法治国においては正当な解釈ということはできないであろう。

　無許可営業者，偽りその他不正の手段により許可を受けた者は，1年以下の懲役または100万円以下の罰金，またはこれの併科（同49条1項1・2号）。

① 許可の基準（対人要件＝欠格事由）
　　公安委員会は，風俗営業の許可を受けようとする者が次のいず

れかに該当するときは，許可をしてはならない（同4条1項）。

ⅰ成年被後見人・被保佐人・破産者で復権を得ないもの　ⅱ1年以上の懲役もしくは禁錮の刑に処せられ，または一定の罪を犯して1年未満の懲役もしくは罰金の刑に処せられ，その執行を終わり，または執行を受けることがなくなってから5年を経過しない者　ⅲ集団的に，または常習的に暴力的不法行為その他の罪にあたる違法な行為等を行うおそれがあると認めるに足りる相当な理由がある者（＝暴力団員を排除する趣旨の規定）　ⅳアルコール，麻薬，大麻，あへんまたは覚せい剤の中毒者　ⅴ風俗営業の許可を取り消されてから5年を経過しない者，法人の場合は，その取消しに係る聴聞の期日および場所が公示された日前60日以内に法人の役員であった者がその取消しの日から5年を経過しないものを含む（＝いわゆる「黒幕」排除の規定）など，である。

風営適正化法違反の検挙状況の推移（平成20～22年）

区　分	年次　件数、人員	20 件数(件)	20 人員(人)	21 件数(件)	21 人員(人)	22 件数(件)	22 人員(人)
総　数		3,249	3,956	2,389	3,577	2,876	3,522
禁止区域等営業		532	1,074	503	1,044	502	986
年少者使用		439	598	352	486	296	416
客引き		537	815	515	769	585	844
無許可営業		656	836	577	725	580	753
構造設備・遊技機無承認変更		49	68	55	68	34	41
20歳未満の客への酒類提供		101	200	63	135	66	128
その他		935	365	774	350	813	356

警察白書（平成23年版）より

② 許可の基準（対物許可＝営業所の欠格事由）

公安委員会は，許可の申請に係る営業所につき次のいずれかに該当する事由があるときは，許可をしてはならない（同2項）。

ⅰ営業所の構造または設備が風俗営業の種別に応じて国家公安委員会規則で定める技術上の基準に適合しないとき　ⅱ営業所が，良好な風俗環境を保全するため特にその設置を制限する必要があるとして都道府県条例で定める地域内にあるとき。営業制限地域とされているのは，住宅集合地域および学校，図書館，病院，児童福祉施設等いわゆる保護対象施設周辺である。　ⅲ営業所に管理者を選任すると認められないことについて相当な理由があると

③ 特例許可

特例許可は，風俗営業の営業所が火災，震災その他その者の責めに帰することができない事由で，その風俗営業を廃止した者が，廃止してから5年以内に，営業を実質的に継続しようとする場合，それを認める制度である（同3項）。

(3) 風俗営業を営む者・遊技場営業者の禁止行為

① 風俗営業を営む者は，次の行為をしてはならない（同22条）。

ⅰその営業に関し客引きをすること　ⅱ営業所で，18歳未満の者に客の接待をさせ，または客の相手となってダンスをさせること　ⅲ営業所で午後10時から翌日の日出時までの時間において18歳未満の者を客の接する業務に従事させること　ⅳ18歳未満の者を営業所に客として立ち入らせること　ⅴ営業所で20歳未満の者に酒類またはたばこを提供すること。

違反した者は，6ヵ月以下の懲役もしくは50万円以下の罰金またはこれの併科（同49条4号）。

② 遊技場営業者は，風俗営業を営む者の禁止行為のほか，次の行為をしてはならない（同23条1項）。

ⅰ　パチンコ屋等を営む者は，現金または有価証券を賞品として提供すること　ⅱ客に提供した商品を買い取ること　ⅲ遊技の用に供する玉，メダルその他これに類する物（＝遊技球等）を客に営業所以外に持ち出させること　ⅳ遊技球等を客のため保管したことを表示する書面を客に発行すること。

③ まあじゃん屋等の営業を営む者は，風俗営業を営む者の禁止行為のほか，遊技の結果に応じて賞品を提供してはならない（同2項）。

①のⅰまたは②に違反した者は，6ヵ月以下の懲役もしくは50万円以下の罰金，またはこれの併科（同49条3項5号，6号）。①のⅲ，ⅳに違反した者は，30万円以下の罰金（同49条5項4号）。

(4) 指示および営業の停止

① 指　示

公安委員会は，風俗営業者等が，法令または条例の規定に違反した場合，善良の風俗もしくは清浄な風俗環境を害し，または少年の健全な育成に障害を及ぼすおそれがあると認められるときは，その風俗営業者に対し，必要な指示をすることができる（同25条）。

指示は，比例原則に従って行うべきものであり，営業者に過大な負担を課すものであってはならない。また，指示の内容は，違反状態を解消するための措置や将来の違反の防止のための措置等を具体的に示すものでなければならない。指示は行政処分である。

② 営業の停止

公安委員会は，風俗営業者等が法令もしくは条例の規定に違反した場合において，著しく善良の風俗もしくは清浄な風俗環境を害し，または少年の健全な育成に障害を及ぼすおそれがあると認められるとき，または風俗営業者がこの法律に基づく処分もしくは許可に付された条件に違反したときは，その風俗営業者に対し，その風俗営業の許可を取り消し，または6月を超えない範囲内で期間を定めてその風俗営業の全部もしくは一部の停止を命ずることができる（同26条1項）。

この営業停止処分に違反したときは，1年以下の懲役または100万円以下の罰金，またはこれの併科（同49条1項4号）。

③ 飲食店営業の停止

公安委員会は，風俗営業の許可を取り消し，または風俗営業の停止を命ずるときは，その風俗営業を営む者に対し，その施設を用いて営む飲食店営業（食品衛生法の許可を受けたもの）について，6ヵ月（風俗営業の停止を命ずるときは，その停止の期間）を超えない範囲内で期間を定めて営業の全部もしくは一部の停止を命ずることができる（同26条2項）。

この営業停止処分に違反したときは，1年以下の懲役または100万円以下の罰金，またはこれの併科（同49条1項4号）。

(5) 性風俗特殊営業等の規制

① 店舗型性風俗特殊営業の規制

　i　店舗型性風俗特殊営業は届出制である（風俗27条）。届出書を提出せず，虚偽の記載をして提出した者は30万円以下の罰金（同49条5項6号）。

　ii　営業禁止区域　1団地の官庁施設，学校，図書館もしくは児童福祉施設またはその他の施設でその周辺における善良の風俗もしくは清浄な風俗環境を害する行為もしくは少年の健全な育成に障害を及ぼす行為を防止する必要あるものとして都道府県の条例で定めるものの敷地の周囲200メートルの区域内において，これを営んではならない。そのほか，都道府県は，条例に

性風俗関連特殊営業の届出数の推移（平成20～22年）

区　分 ＼ 年　次	20	21	22
総数(軒)	22,021	23,727	25,102
店舗型性風俗特殊営業	6,570	6,420	6,208
第1号営業(ソープランド等)	1,249	1,239	1,238
第2号営業(店舗型ファッションヘルス等)	862	847	836
第3号営業(ストリップ劇場等)	162	157	139
第4号営業(ラブホテル等)	3,944	3,837	3,692
第5号営業(アダルトショップ等)	353	340	303
無店舗型性風俗特殊営業	14,035	15,682	16,983
第1号営業(派遣型ファッションヘルス等)	13,093	14,648	15,889
第2号営業(アダルトビデオ等通信販売)	942	1,034	1,094
映像送信型風俗特殊営業	1,026	1,240	1,554
店舗型電話異性紹介営業	209	195	174
無店舗型電話異性紹介営業	181	190	183

警察白書(平成23年版)より

　より，地域を定めて，店舗型性風俗特殊営業を営むことを禁止することができる（同28条2項）。違反した者は，6ヵ月以下の懲役もしくは50万円以下の罰金，またはこれの併科（同49条3項）。
iii　店舗型性風俗特殊営業（ラブホテル，モーテルを除く）の深夜における営業時間を制限することができる（同28条4項）。
iv　広告および宣伝について制限がある。
v　風俗営業を営む者の禁止行為と同様，違反した場合，6ヵ月以下の懲役または50万円以下の罰金，またはこれの併科（同49条3項9号）。
vi　この法律に違反した場合は，指示や営業の停止および廃止等の行政処分が行われる（同29条，30条）。
vii　営業の停止または廃止を命ずるときは，その施設を用いて営む浴場業営業，興行場営業または旅館業について，8月以内の期間を定めて営業の停止を命ずることができる（同30条3項）。この営業停止処分に違反したときは，1年以下の懲役もしくは100万円以下の罰金，またはこれの併科（同49条4号）。
viii　公安委員会は，営業の停止を命じたときは，その命令に係る施設の出入口の見やすい場所に標章をはり付けるものとする

(同31条)。
② 無店舗型性風俗特殊営業の規制

無店舗型性風俗特殊営業については，届出制，接客従業者に対する拘束的行為の規制，広告および宣伝の規制，禁止行為，行政処分など，店舗型の場合とほぼ同様の規制を受ける（同31条の2以下）。

以上のほか，違反広告物について，警察官による除去が認められている。すなわち，無店舗型風俗特殊営業を営む者等が，広告規制区域等における広告物の表示の規制に違反した場合において，その違反行為が行われた時における事務所を知ることができず，かつ，その違反行為がはり紙，はり札または立看板を広告制限区域に表示することであるときは，公安委員会は，それを警察職員に除去させることができる（同31条の4第2項）。除去は事実上の行為であって，不利益処分に当たらず，事前手続をとる必要がなく，また除去に対する不服申立てをすることができない。

③ 映像型送信性風俗特殊営業の規制

映像型送信性風俗特殊営業については，届出制，広告および宣伝の規制，行政処分など，無店舗型の場合と同様の規制を受ける（同31条の7以下）。

以上のほか，年少者保護のための規制，措置命令について規定されている（同31条の8以下）。

④ 自動公衆送信装置設置者の規制

i 自動公衆送信装置者は，その自動公衆送信装置の記録媒体に映像送信型性風俗特殊営業を営む者がわいせつな映像または児童ポルノ映像を記録したことを知ったときは，その映像の送信を防止するため必要な措置を講ずるよう努めなければならない（同31条の8第5項）。

ii 上記の努力義務を遵守していないと認めるときは，公安委員会は，必要な措置をとるべきことを勧告することができる（同31条の9第2項）。

⑤ 電話異性紹介営業の規制

i 店舗型異性紹介営業については，届出制，営業の禁止の禁止区域等，禁止行為などの規制がある（同31条の12以下）。

ii 無店舗の営業については，届出制，街頭における広告および宣伝の規制等，禁止行為，違反広告物の除去などの規制がある

(同31条の17以下)。
⑥ 深夜における飲食店営業等の規制
　i　飲食店営業については，遵守事項のほか，照度の規制，騒音および振動の規制がある（同32条）。
　ii　酒類提供飲食店については，届出制，接客従業者に対する拘束的行為の規制等，禁止行為，営業禁止区域，行政処分などの規制がある（同33条以下）。
　iii　興行場営業および特定性風俗物品販売等営業の規制については，営業停止処分が規定されている（同35条以下）。

深夜酒類提供飲食店の営業所数の推移

区分　　年次	20	21	22
総数(軒)	270,916	272,068	272,049

警察白書(平成23年版)より

⑦ 接客業務受託営業の規制
　接客業務受託営業については，受託接客従業者に対する拘束的行為の規制および指示，営業停止処分などの規制がある（同35条の3以下）。

(6) **監　督**
① 風俗営業者，店舗型性風俗特殊営業を営む者，無店舗型性風俗特殊営業を営む者および深夜における飲食店営業を営む者は，従業員名簿を備え，これに従業員の住所および氏名その他の事項を記載しなければならない（同36条）。違反した場合は30万円以下の罰金（同49条5項7号）。
② 公安委員会は，風俗営業または性風俗特殊営業を営む者，酒類提供飲食店営業を営む者，深夜において飲食店営業を営む者または接客業務受託営業を営む者に対し，その業務に関し報告または資料の提出を求めることができる（同37条1項）。
③ 警察職員は，風俗営業または店舗型性風俗特殊営業の営業所（客が在室する個室等を除く。）に立ち入ることができる。深夜においては，設備を設けて客に飲食させる営業の営業所においても同様とする（同2項）。報告せず，資料を提出せず，もしくは虚偽の報告，資料を提出し，または立入りを拒み，妨げ，もしくは忌避した者は，20万円以下の罰金（同49条6項8号）。

第12章　危　険　物

　危険物には，銃砲刀剣類，火薬類および麻薬・覚せい剤があり，危険な団体として暴力団，破壊的団体および大量殺人行為を行った団体がある。

　一般市民の武器の規制法として「銃砲刀剣類所持等取締法」（昭和33・4・1—最終改正平成21　以下，「銃刀法」と略す。）があり，また，火薬類は，特に公共の安全を害するおそれのある危険物であり，火薬類による災害を防止するため，特別の規制法として「火薬類取締法」（昭和25・5・4—最終改正平成21）がある。

　麻薬・覚せい剤については，「麻薬及び向精神薬取締法」（昭和28・4・1—最終改正平成18）および「覚せい剤取締法」（昭和26・6・30—最終改正平成18）がある。

　さらに，危険な団体活動に対する規制として，「暴力団員による不当な行為の防止等に関する法律」（平成3・5・15—最終改正平成22　以下，「暴力団対策法」と略す。），「破壊活動防止法」（昭和27・7・21—最終改正平成7　以下，「破防法」と略す。）および「無差別大量殺人行為を行った団体に関する法律」（平成11・12・7　以下，「団体規制法」と略す。）がある。

I　銃砲刀剣類

　銃砲刀剣類の所持の禁止は，明治における銃砲取締規則（明治5年太政官布告第28号）および帯刀取締ニ關スル件（明治9年太政官布告第38号）以来，わが国が一貫してとってきた大原則である。この原則は，私的所有権を保障する憲法29条に違反するものではない。銃刀法の規定は例外規定が多く，煩雑なものになっているので，これを整理して，わかり易いものにすることが望ましい。

(1) 銃砲刀剣類

　銃砲とは，けん銃，小銃，機関銃，砲，猟銃その他金属性弾丸を発射する機能を有する装薬銃砲および空気銃をいう。刀剣類とは，刃渡り15センチメートル以上の刀，5.5センチメートル以上の剣，あいくち，45度以上に自動的に開刃する装置を有する飛び出しナイフをいう（銃刀所持2条）。例えば，児童の玩具用の刀剣，調理用の肉切り包丁，出刃包丁などは刀剣ではない。

(2) 所持の禁止

① 原　則　何人も，原則として，銃砲または刀剣類を所持してはならない（同3条1項）。違反した者は1年以上10年以下の懲役（同31条の3第1項）。

② 例　外　例外として銃砲刀剣類の所持が許されるのは，自衛隊が武器を保有するほか，海上保安官・入国警備官などが武器を携帯し，警察官，麻薬取締官，税関職員などが小型武器を携帯し，監獄官吏が剣または銃を携帯するなど，法令に基づき職務のために所持する19の職務のいずれかに該当する場合である（同3条1項）。また，人命救助，動物麻痺，と殺または漁業，建設業その他の産業に従事する者は，業務上使用するため銃砲または刀剣類を所持することができる（同2項）。

(3) けん銃部品およびけん銃実包の所持の禁止

何人も，原則として，けん銃の銃身，機関部体，回転弾倉，スライドおよびけん銃実包を所持してはならない（同3条の2）。ただし，法令に基づき職務のためにけん銃を所持することができる者がその職務のため所持する場合など6項目に該当する場合は例外である（同3条1号～6号）。

何人も，法令に基づき職務のためにけん銃を所持する場合など11項目に該当する場合を除き，けん銃に使用できる実包を所持してはならない（同3条の3）。

(4) けん銃等の輸入の禁止

何人も，原則として，けん銃等を輸入してはならない（同3条の4）。違反した者は3年以上の有期懲役。営利の目的で違反行為をした者は，無期もしくは5年以上の有期懲役もしくは5年以上の有期懲役および1万円以下の罰金，未遂罪も罰せられる（同31条の2）。

(5) 譲り渡し，譲り受け，発射等の禁止

何人も，けん銃等の譲渡し等，譲受け等，発射等が禁止され，違反した場合は，それぞれ罰則が適用される（同3条の2以下）。

(6) 銃砲または刀剣類の所持の許可

① 許　可

銃砲刀剣類の所持の許可は，事前許可制，用途別許可制および一物一許可制である。したがって，銃砲刀剣類を入手してから許可を求めることはできず，銃砲刀剣類の用途および一物一丁ごとに，許可を受けなければない（同4条1項）。所持禁止は大原則で

あるにもかかわらず，所持許可の総件数は極めて多い。平成22年末現在，都道府県公安委員会の所持許可を受けた猟銃および空気銃の数は，26万649丁で，13万1,766人が許可を受けている。平成22年中，申請を不許可とした件数は26件，所持許可を取り消した件数は112件であった。

　平成21年に，刃渡り5.5センチメートル以上の剣の所持禁止に関する規定の施行に伴い，1万1,744振りの剣が回収された。
② 許可の基準

　都道府県公安委員会は，次のいずれかに該当する場合または許可申請書・添付書類中に重要な事項について虚偽の記載があり，もしくは重要な事実の記載が欠けている場合は，許可をしてはならない（同5条）。これは絶対的欠格事由である。

　ⅰ 18歳未満の者　ⅱ 破産手続開始の決定を受けたこと　ⅲ 精神病者，アルコール，麻薬，大麻，あへん，もしくは覚せい剤の中毒者または心神耗弱者，ⅳ 住所の定まらない者　ⅴ 禁錮以上の刑に処せられたこと　ⅵ ストーカー，配偶者暴力をしたこと　ⅶ 自殺をするおそれがあると認める相当な理由のあること　ⅷ 人の生命または身体を害する一定の違法な行為をしたこと，など18項目である（同5条1～18号）。

　猟銃および空気銃の許可の基準については特例がある（同5条の2以下）。
③ 許可証

　都道府県公安委員会は，銃砲または刀剣類の所持の許可をする場合においては，許可証を交付しなければならない。銃砲を携帯し，または運搬する者は，許可証を常に携帯していなければならない（同7条）。
④ 許可の取消しおよび許可の失効

　許可の取消しおよび許可の失効について，それぞれ，その要件が規定されている（同11条および8条）。

(7) 古式銃砲および刀剣類の登録ならびに刀剣類の製作の承認
① 都道府県の教育委員会は，美術品もしくは骨とう品として価値のある火縄式銃砲等の古式銃砲または美術品として価値のある刀剣類の登録をするものとする。銃砲または刀剣類の所有者で登録を受けようとする者は，都道府県の教育委員会に登録の申請をしなければならない（銃刀所持14条）。

② 美術品として価値のある刀剣類を製作しようとする者は，製作しようとする刀剣類ごとに，都道府県の教育委員会の承認を受けなければならない。承認を受けようとする者は，承認の申請をしなければならない（同18条の2）。

(8) 携帯・不法所持等の規制

携帯・不法所持等の規制については，所持の態様についての規制，譲渡の制限，刃体の長さが6センチメートルをこえる刃物の携帯の禁止，模造けん銃の所持の禁止，販売目的の模造銃器の所持の禁止，模造刀剣類の携帯の禁止，発見および拾得の届出，事故届け，許可証，年少射撃資格認定証および登録証の携帯等，銃砲刀剣類の提示・開示・一時保管等，本邦に上陸しようとする者の所持する銃砲または刀剣類の仮領置，災害・騒乱等の事態における授受，運搬および携帯の禁止または制限，不法所持の銃砲等の提出命令，などの規定がある（同21条以下）。

ちなみに，航空機の会社では，旅客運送約款に基づいて，ハイジャック防止のために，武器の検査・保管を行っている。

Ⅱ 火 薬 類

火薬類の取締りは，火薬類の製造，販売，貯蔵，運搬，消費その他の取扱いを規制することにより，火薬類による災害を防止し，公共の安全を確保することを目的にした火薬類取締法に基づいて行われている。

(1) 火 薬

火薬とは，火薬，爆薬および火工品をいう（火薬2条1項）。火薬は，例えば，黒色火薬その他硝酸塩を主とする火薬，無煙火薬その他硝酸エステルを主とする火薬などである。爆薬は，雷こう，アジ化鉛その他の起爆剤，硝安爆薬，塩素酸カリ爆薬，ニトログリセリンなどである。また火工品とは工業雷管，電気雷管，信号雷管，実包および空包，信管および火管，導火線などである。

(2) 許 可 制

① 製造・販売営業の許可

火薬類の製造の業を営もうとする者は，製造所ごとに，経済産業大臣の許可を受けなければならない（同3条）。火薬類の販売の業を営もうとする者は，販売所ごとに，都道府県知事の許可を受けなければならない（同5条）。

無許可営業は3年以下の懲役または100万円以下の罰金，またはこれを併科 (同58条1号, 3号)。
② 許可の基準
 i 欠格事由　火薬類の製造または販売営業の許可を取り消され，取消しの日から3年を経過していない者，禁錮以上の刑に処せられ，3年を経過していない者などには，許可を与えない (同6条)。
 ii 許可の基準　経済産業大臣または都道府県知事は，製造の許可の申請については製造施設の構造などが技術上の基準に適合するものであることなどの基準に適合し，販売営業の許可申請については販売の業を適確に遂行するに足りる技術的能力があること，その他製造または販売が，公共の安全の維持または災害の発生の防止に支障のないものであることなどに適合していると認めるときでなければ，許可をしてはならない (同7条)。
 iii 火薬庫　火薬庫を設置し，移転しまたはその構造もしくは設備を変更しようとする者は，都道府県知事の許可を受けなければならない (同12条)。許可を受けない場合，1年以下の懲役または50万円以下の罰金，またはこれを併科 ((同59条3号)。
 iv その他，譲渡または譲受，輸入，消費 (＝火薬類を爆発，燃焼させる場合)，廃棄をしようとする者は，都道府県知事の許可を受けなければならない。無許可の場合，それぞれについて，罰則の適用がある。(同17条以下, 59条4号以下)。

(3) **届　出　制**

製造設備等の軽微な変更，地位の承継，営業の廃止等，輸入，運搬をした者あるいはしようとする者は，それぞれ，遅滞なく，都道府県知事に届け出なければならない (同10条以下)。届出をせず，虚偽の届出をした場合は，それぞれ，罰則の適用がある (同61条4号, 60条3号)。

平成22年の運搬届出受理件数は，3万8,113件であった。

(4) **報告の徴収および立入検査等**

経済産業大臣は，災害を防止し，または公共の安全の維持をはかるため，必要があると認めるときは，製造業者もしくは販売業者または火薬庫の所有者・占有者・消費者に対し，事業または火薬類の貯蔵もしくは消費に関し，報告させることができる (同42条)。

経済産業大臣または都道府県知事は，その職員に，製造業者，販売業者，消費者，廃棄者または火薬類を保管する者の製造所，販売所，火薬庫，消費場所，廃棄場所または保管場所に立ち入り，その者の帳

簿書類その他必要な物件を検査させ，関係者に質問させ，または試験のため必要な最小限度の分量に限り火薬類を収去させることができる(同43条1項)。

都道府県公安委員会は警察職員に，また海上保安庁長官は海上保安官に，検査・質問をさせることができる(同2，3項)。

平成22年に，警察による立入検査の件数は，1万6,090件であった。

III 麻薬・覚せい剤

麻薬(あへん，ヘロイン，大麻，LSDなど)，覚せい剤(ヒロポンに代表される)は，いずれも習慣性があるため，常用すると，それを継続的または周期的に摂取したいという強迫的欲求が起こり，極端な場合には，常用者の心身を腐敗・破滅させ，その家族の生活を悲惨な状態に陥れ，社会全体の健全性にも悪影響を与える。そこで，麻薬および向精神薬の濫用による保健衛生上の危害を防止し，もって公共の福祉の増進を図ることを目的として，麻薬及び向精神薬取締法(以下，麻薬取締法と略す。)が制定され，また，覚せい剤の濫用による保健衛生上の危害を防止するため覚せい剤取締法が制定された。

(1) 麻薬および覚せい剤

麻薬は，微量でも著しい鎮痛作用，麻酔作用があり，反復継続して使用することにより，精神的または身体的な依存性を生じさせ易く，中止をした場合禁断症状を呈することの多い薬物をいう。覚せい剤は覚せい作用を有する物であり，麻薬とは薬理作用が異なり，取締法規も異なっているが，両者とも濫用され易く，その結果使用者の健康を害し，麻薬等の売買は暴力団の資金源となるなど社会全体にも危害を及ぼすという点で，共通の性質を有している。

麻薬の意義については，麻薬取締法2条1項および別表第1に規定があり，覚せい剤の意義については，覚せい剤取締法2条に規定がある。なお，麻薬などに似た作用がある脱法ハーブについても取締りが必要であろう。

以下には，麻薬に関する取締りについて述べる。

(2) 免許

麻薬輸入業者，麻薬輸出業者，麻薬製造業者，麻薬製剤業者，家庭麻薬製造業者または麻薬元卸売業者の免許は厚生労働大臣が，麻薬卸売業者，麻薬小売業者，麻薬施用者，麻薬管理者または麻薬研究者の免許は都道府県知事が，それぞれ麻薬業務所ごとに行う(麻薬3条1項)。

免許の人的要件および欠格事由について，規定がある (同2項)。
(3) 禁止および制限
① 禁止行為

i ジアセチルモルヒネ (別名ヘロイン)，その塩類またはこれらのいずれかを含有する麻薬は，何人も，輸入し，輸出し，製造し，製剤し，小分けし，譲り渡し，交付し，施用し，所持し，または廃棄してはならない (麻薬12条)。

ジアセチルモルヒネ等を，輸入し，輸出し，または製造した者は，1年以上の有期懲役，営利の目的で罪を犯した者は無期もしくは3年以上の懲役，または情状により無期もしくは3年以上の懲役および1千万円以下の罰金 (同64条1項，2項)。未遂罪を罰する (同3項)。

ジアセチルモルヒネ等を施用し，廃棄し，またはその施用を受けた者は，10年以下の懲役 (同64条の3第1項)，営利の目的で違反行為をした者は，1年以上の有期懲役，または情状により1年以上の有期懲役および500万円以下の罰金 (同64条の3第2項)。未遂罪も罰せられる (同3項)。

薬物事犯の検挙人員 (平成22年)

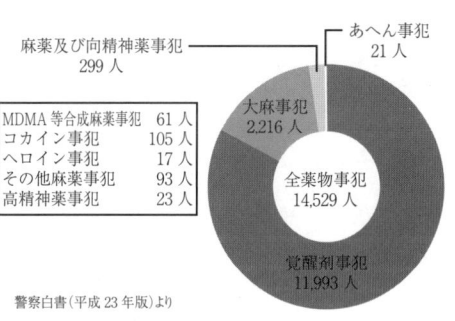

麻薬及び向精神薬事犯 299人
あへん事犯 21人
大麻事犯 2,216人
MDMA等合成麻薬事犯 61人
コカイン事犯 105人
ヘロイン事犯 17人
その他麻薬事犯 93人
高精神薬事犯 23人
全薬物事犯 14,529人
覚醒剤事犯 11,993人

警察白書(平成23年版)より

ii 何人も，あへん末を輸入し，または輸出してはならない (同12条2項)。

iii 麻薬原料植物は，何人も，栽培してはならない (同3項)。

iv 何人も禁止されるジアセルモルヒネ等の施用を受けてはならない (同4項)。

② 制限

輸入，輸出，製造，製剤，小分け等は，厚生労働大臣の許可を受けなければならない (同14条，18条，21条，22条など)。

許可を受けないで，輸入，輸出，製造，小分けをした者は，3年以下の懲役もしくは50万円以下の罰金，またはこれの併科 (同

69条)。

(4) 監 督
① 報告の徴収等

厚生労働大臣または都道府県知事は，必要があると認めるときは，麻薬取扱関係者から，必要な報告を徴し，または麻薬取締官もしくは麻薬取締員その他の職員に，麻薬に関係のある場所に立ち入り，帳簿その他の物件を検査させ，関係者に質問させ，もしくは試験のため必要な最小限度の分量に限り，麻薬などの疑いのある物を収去させることができる (同50条の38)。厚生労働大臣または都道府県知事は，実態を調査するため必要な限度において，必要な報告を求め，実地に帳簿その他の物件を検査させることができる (同2項)。

報告をせず，もしくは虚偽の報告をし，または立入り，検査もしくは収去を拒み，または妨げた者は20万円以下の罰金 (同72条11号)。

② 免許の取消し

厚生労働大臣は麻薬輸入業者等について，都道府県知事は麻薬卸売業者等について，麻薬取締法およびそれに基づく厚生労働大臣もしくは都道府県知事の処分もしくは免許もしくは許可に付した条件に違反したとき，または免許欠格事由に該当するに至ったときは，その免許を取消し，または期間を定めて麻薬に関する業務もしくは研究の停止を命ずることができる (同51条)。

(5) 麻薬取締官および麻薬取締員

麻薬取締官は，厚生労働大臣の指揮監督を受け，麻薬取締員は，都道府県知事の指揮監督を受けて，麻薬関連の法律等に違反する罪について，刑事訴訟法の規定による司法警察員として職務を行う (同54条5項)。

麻薬取締官および麻薬取締員は，司法警察員として職務を行うときは，小型武器を携帯することができる (同7項)。

麻薬取締官および麻薬取締員は，麻薬に関する犯罪の捜査にあたり，厚生労働大臣の許可を受けて，何人からも麻薬を譲り受けることができる (同58条)。

Ⅳ 暴 力 団

市民生活の安全と平穏の確保を図り，もって国民の自由と権利を保

護することを目的とし，暴力団員の危険な団体活動について規制を行うものとして，暴力団対策法が制定された。暴力団対策法は，一定の行政手続で反社会性の明らかな暴力団を指定暴力団として指定するが，団体の活動の制限，団体の解散というような団体の規制を行わず，指定された暴力団の構成員の暴力的要求行為等について法的規制を行う点に特徴がある。

(1) **暴力団・指定暴力団および暴力団員・準構成員**

暴力団とは，その団体の構成員（その団体の構成団体の構成員を含む。）が集団的にまたは常習的に暴力的不法行為等を行うことを助長するおそれがある団体をいう（暴力団2条2号）。暴力団は，昭和30年代後半頃から警察やマスコミで用いられていたものが一般化した用語で，従前は，やくざ，博徒，的屋，極道などと呼ばれていた。指定暴力団とは，暴力団対策法3条の規定により指定された暴力団をいう（同3号）。

暴力団員とは暴力団の構成員をいう（同6号）。準構成員とは，暴力団構成員以外の暴力団と関係を有する者であって，暴力団の威力を背景に暴力的不法行為等を行うおそれがあるもの，または暴力団もしくは暴力団構成員に対し資金，武器等の供給を行うなど暴力団の維持もしくは運営に協力し，もしくは関与するものをいう。

(2) **指　定**

① 指定の要件

都道府県公安委員会（以下，「公安委員会」という。）は，暴力団が次のいずれにも該当すると認めるときは，指定暴力団として指定するものとする（同3条）。

i 実質目的要件　名目上の目的のいかんを問わず，暴力団員がその暴力団の威力を利用して生計の維持，財産の形成または事業の遂行のための資金を得ることができるようにするため，その暴力団の威力を利用させ，または利用することを容認することを実質上の目的とすること。暴力団員の生計の維持，財産の形成または事業の遂

暴力団構成員等の推移（平成20～22年）

年次区分	20	21	22
総数(人)	82,600	80,900	78,600
構成員	40,400	38,600	36,000
準構成員	42,200	42,300	42,600
3団体総数	60,000	58,600	56,600

注：3団体＝山口組、住吉会および稲川会
警察白書(平成23年版)より

行のための稼業，資金獲得活動をいわゆるシノギという。
 ii 犯罪経歴保有者の人数の比率が一定の比率を超えるものであること。
 iii 階層的に構成されている団体であること。暴力団は，いわゆる擬制的血縁関係（親分子分，兄貴分弟分の関係）による上下関係といわゆる上納金制度（資金は下から上へ）による資金調達という制度を通して階層的に構成されている。

以上3つの要件をすべて備えた団体が反社会性のある暴力団として指定され，指定暴力団といわれる（同2条3号）。

② 指定の手続要件

公安委員会は，指定しようとするときは，公開による意見聴取を行わなければならず，あらかじめ国家公安委員会の確認を求めなければならない（同5条，6条）。国家公安委員会は，その確認をしようとするときは，審査専門委員の意見を聴かなければならない（同2項）。指定は3年間その効力を有する（同8条）。3年間を経過して，なお指定の必要あるときは，更新は認められず，再度指定の手続を踏まなければならない。

(3) 暴力的要求行為の規制等

暴力団の資金獲得活動など暴力的要求行為を規制するためには，その指定暴力団の威力を示して行う行為であることなどの要件を充足することを要する。「威力を示す」とは，具体的には，次のようなものがあげられる。 i 指定暴力団に所属していることを告げる行為 ii 指定暴力団の名称入りの名刺を示す行為 iii 指定暴力団のバッチ，代紋をことさら示す行為，などである。

(4) 暴力的要求行為の禁止

指定暴力団等の暴力団員は，その者が所属する暴力団等またはその系列上位指定暴力団等の威力を示して，次の15類型の暴力団要求行為をしてはならない（同9条）。

 i 人の弱みに付け込む金品等要求行為，いわゆる口止め料の要求行為 ii 寄付金，援助金などの不当贈与要求行為 iii 下請け工事，資材の納入など不当下請け参入等要求行為 iv 縄張り内で営業を営む者に対する，みかじめ料要求行為 v 用心棒代要求行為。飲食店，バー，スナック等に，しめ飾り，門松，装飾用の生花，造花，ツマミ等の購入要求，リースを受けることの要求などがこれに当たる。 vi 高利債権取立行為 vii 不当な方法での債権取立行為 viii 借金の免除や借金返

済の猶予を要求する不当な債権免除要求行為。難癖をつけて代金の踏み倒しをする行為がこれに当たる。　ix不当な貸付や手形の割引を要求する行為　x不当信用取引要求行為　xi株式会社に対し不当な自己株式買取り要求行為　xii不当地上げ行為　xiii競売等妨害行為　xiv交通事故などの示談に不当に介入する行為　xv因縁をつけての金品等を要求する行為。

(5) 暴力的要求行為に対する措置

① 中止命令

公安委員会は，指定暴力団員が暴力的要求行為をしており，その相手方の生活の平穏または業務の遂行が害されていると認める場合には，その指定暴力団員に対し，その暴力的要求行為を中止することを命じ，またはその暴力的要求行為が中止されることを確保するために必要な事項を命ずることができる（同11条1項）。中止命令は，現に暴力的要求行為が行われている場合を対象とする。したがって，暴力的要求行為が完了し再発のおそれがある場合には再発防止命令が発せられ（同2項），暴力的要求行為が完了し被害が生じているときは「不当な要求による被害の回復等のための援助」（同13条以下）が行われる。公安委員会は，中止命令を警察署長に行わせることができる（同42条3項）。

中止命令に違反した者は，1年以下の懲役もしくは100万円以下の罰金，またはこれを併科（同46条）。

平成22年中に，中止命令の発出件数は，2,130件であり，そのうち主なものを挙げれば，不当贈与要求行為が734件，用心棒料等要求行為が379件，みかじめ料要求行為は159件であり，威迫による加入強要・脱退妨害が308件，暴力的要求行為の現場に立会い・援助する行為が247件，不当債務免除行為が82件，高利債権取立行為が46件，少年に対する加入強要・脱退妨害行為が43件であった。

② 再発防止命令

公安委員会は，その指定暴力団員が更に反復してその暴力的要求行為と類似の暴力的要求行為をするおそれがあると認めるときは，その指定暴力団員に対し，1年を超えない範囲内で期限を定めて，暴力的要求行為が行われることを防止する為に必要な事項を命ずることができる（同12条1項）。

再発防止命令に違反した者は，1年以下の懲役もしくは50万円

以下の罰金，またはこれを併科（同46条）。

　公安委員会は，再発防止命令をしようとするときは，公開による意見聴取を行わなければならない（同34条）。緊急の必要がある場合には，意見聴取を行なわないで，仮に，再発防止命令をすることができる（同35条）。公安委員会は，仮の命令について命令に関する事務を警視総監または道府県警察本部長，方面本部長に行なわせることができる（同42条1項・2項）。

(6) 対立抗争時の暴力団事務所の使用制限

指定暴力団等の相互間に対立が生じ，一連の凶器を使用しての暴力行為が発生した場合，公安委員会は，その暴力団の事務所を現に管理している指定暴力団員に対し，3ヵ月以内の期限を定めて，その事務所の使用の禁止を命ずることができる。更に命令の必要があると認めるときは，1回に限り，3ヵ月以内の期限を定めてその命令の期限を延長することができる（同15条）。

(7) 加入の強要の規制および暴力団組事務所における禁止行為等

① 加入の強要の規制としては，ⅰ少年および成年に対する加入の強要等の禁止　ⅱ加入の強要の命令等の禁止　ⅲ加入の強要に対する措置　ⅳ加入の強要等に対する再発防止命令　ⅴ指詰めの強要等の禁止　ⅵ少年に対する入れ墨の強要等の禁止　ⅶ離脱の意志を有する者に対する援護等などがある（同16条以下）。

② 事務所等における禁止行為としては，ⅰ事務所の外周に，またはその内部に，付近の住民または通行人に不安を覚えさせるおそれのある表示または物品を掲示し，または設置すること。その指定暴力団等の名称を示す文字，代紋および組名を記載した看板や文字板，代紋が掲載されている額，楯，旗，提灯，バッチ等がこれに当たる。ⅱ事務所またはその周辺において，著しく粗野もしくは乱暴な言動を行い，または威勢を示すことにより，住民または通行人に不安を覚えさせること，ⅲ人に対し，債務の履行その他の用務を行う場所として，事務所を用いることを強要することが規制されている（同29条）。

(8) 暴力追放運動推進センター

暴力団員による不当な行為の防止およびこれによる被害の救済に寄与することを目的として，都道府県暴力追放運動推進センター，全国暴力追放運動推進センターが置かれる（同32条の2，32条の3）。

(9) 実　態

第12章 危険物

　警察白書（平成23年版）によれば，近年，暴力団は，伝統的な資金獲得活動や民事介入暴力，行政対象暴力に加え，その組織実態を隠蔽しながら，建設業，金融業，産業廃棄物処理業や証券取引などの各種の事業活動へ進出して，企業活動を仮装したり，暴力団と共生する者を利用するなどして，一般社会での資金獲得活動を活発化させている。さらに，最近では，企業活動から排除された暴力団側が，資金獲得に窮し，報復として企業を襲撃するなどの事件を起こしている。かつて任侠の徒とか任侠道とかいわれていた姿はない。

指定暴力団一覧表（22団体）

六代目山口組	稲川会	住吉会	四代目工藤會
①兵庫県神戸市灘区篠原本町4-3-1 ②篠田　建市 ③1都1道2府41県 ④約17,300人	①東京都港区六本木7-8-4 ②辛　炳圭 ③1都1道18県 ④約4,500人	①東京都港区赤坂6-4-21 ②西口　茂雄 ③1都1道1府15県 ④約5,900人	①福岡県北九州市小倉北区神岳1-1-12 ②野村　悟 ③3県 ④約630人

四代目旭琉会	沖縄旭琉会	六代目会津小鉄会	五代目共政会
①沖縄県那覇市首里石嶺町4-301-6 ②花城　松一 ③県内 ④約210人	①沖縄県那覇市辻2-6-19 ②富永　清 ③県内 ④約300人	①京都府京都市下京区東龍頭区新ノ口上る岩滝町176-1 ②馬場　建市 ③11道1府 ④約410人	①広島県広島市南区南河内町18-10 ②守屋　輔 ③県内 ④約280人

七代目合田一家	四代目小桜一家	四代目浅野組	道仁会
①山口県下関市竹崎町3-13-6 ②金　教煥 ③3県 ④約160人	①鹿児島県鹿児島市甲突町9-1 ②平岡　喜榮 ③県内 ④約100人	①岡山県笠岡市笠岡615-11 ②森田　文靖 ③2県 ④約130人	①福岡県久留米市京町247-6 ②小林　哲治 ③4県 ④約850人

二代目親和会	双愛会	三代目侠道会	太州会
①香川県高松市塩上町2-14-4 ②吉良伸文 ③県内 ④約60人	①千葉県市原市潤井戸1343-8 ②塩島　正則 ③2県 ④約230人	①広島県尾道市山波町3025-1 ②渡邊　望 ③6県 ④約170人	①福岡県田川市大字弓削田1314-1 ②日高　博 ③県内 ④約180人

八代目酒梅組	極東会	二代目東組	松葉会
①大阪府大阪市西成区太子1-3-17 ②南　興一 ③府内 ④約80人	①東京都豊島区西池袋1-29-5 ②曺　圭化 ③1都1道13県 ④約1,100人	①大阪府大阪市西成区山王1-11-8 ②滝本雄司 ③府内 ④約180人	①東京都台東区西浅草2-9-8 ②萩野　義昭 ③1都1道8県 ④約1,200人

三代目福博会	九州誠道会	【凡例】
①福岡県福岡市博多区千代5-18-15 ②金　寅純 ③4県 ④約280人	①福岡県大牟田市上官町2-4-2 ②朴　政浩 ③1都5県 ④約380人	①主たる事務所の所在地 ②代表する者（代表する者に代わるべき者を含む。） ③勢力範囲 ④構成員数

注1：各指定暴力団の名称及び表中の①②については平成23年6月1日現在のもの，③④については平成22年末のものである。
2：平成22年末における全暴力団構成員数（約36,000人）に占める指定暴力団構成員数（約34,600人）の比率は96.1％である。
警察白書（平成23年版）より

(10) 東京都暴力団排除条例

　東京都暴力団排除条例（平成23・3・18　以下「条例」と略す。）は，都民の安全で平穏な生活を確保し，および事業者の健全な発展に寄与することを目的として，平成23年10月1日に施行された。これで，各都道府県がすべて暴力団排除条例を制定したことになった。

条例の特色は,基本理念として,「暴力団と交際しないこと,暴力団を恐れないこと,暴力団に資金を提供しないこと及び暴力団を利用しないこと」(条例3条)を挙げ,ⅰ暴力団排除活動に資すると認められる情報を提供すること,ⅱ都が実施する暴力団排除活動に関する施策に参画または協力すること,ⅲ暴力団排除活動に自主的に,かつ,相互に連携して取り組むこと(同15条)を,「都民等の責務」としたことである。都民等とは「都民及び事業者」(同2条6号)をいい,事業者とは「事業を行う法人その他の団体または事業を行う場合における個人」をいう(同2条7号)。

① 基本的施策

ⅰ 都の事務事業に係る暴力団排除措置　都は,暴力団関係者を公共工事の入札に参加させない等,都の公共事務・事業から暴力団関係者の関与を防止するために必要な措置を講ずるものとする(同7条)。

ⅱ 都民等および青少年の教育等に対する支援　都は,都民等が暴力団排除活動に取り組むことができるよう,また青少年の教育または育成に携わる者が,青少年に対し,助言,指導することが円滑に講ずることができるよう,暴追都民センター等と連携し,情報の提供,助言その他必要な支援を行うものとする(同9条,10条)。

ⅲ 暴力団からの離脱促進　都は,暴追都民センター等と連携し,情報の提供,指導,助言その他の必要な措置を講ずるよう努めるものとする(同12条)。

ⅳ 保護措置　警視総監は,暴力団の排除活動等により,暴力団から危害を加えられるおそれがある者に対し,警察官による警戒活動その他保護のため必要な措置を講ずることものとする(同14条)。

② 都民等の役割(努力義務)

ⅰ 青少年に対する措置　青少年の教育また育成に携わる者は,暴力団に加入せず,および暴力団員による犯罪の被害を受けないよう,青少年に対し,指導,助言その他の必要な措置を講ずるよう努めるものとする(同16条)。

ⅱ 祭礼等における措置　祭礼,花火大会,興行その他の行事の主催者またはその運営に携わる者は,その行事の運営に暴力団または暴力団員を関与させないなど,必要な措置を講ずるよう努めるものとする(同17条)。

ⅲ 事業者の契約時における措置　事業者は,契約時に相手方その

他の関係者が暴力団関係者でないことを確認するよう努めるものとする（同18条1項）。また事業者は、契約の相手方、代理人等が、暴力団関係者と判明した場合、催告なく契約を解除できる旨の特約を定めるよう努めるものとする（同2項1号）。

iv 不動産の譲渡等における措置　不動産を譲渡または貸付けをする者は、その契約の相手方に対し、暴力団事務所として使用しないことを確認するよう努めるものとする（同19条1項）。また、事務所として使用することが判明した場合、催告なく契約を解除し、またはその不動産の買戻しをすることができる旨の特約を定めるよう努めるものとする（同19条2項2号）。なお、不動産業者は、上記のことを助言その他の必要な措置を講ずるよう努めるものとする（同20条）。

③ 禁止措置

i 妨害行為の禁止　何人も、暴力団排除行為を行う者に対し、威迫、つきまとい等の方法で、その活動を妨害してはならない（同21条）。違反した場合は、その行為を中止することを命じ（同30条）、さらに命令に違反した場合は、1年以下の懲役または50万円以下の罰金（同33条1項2号）。

ii 暴力団事務所の開設および運営の禁止　学校、家庭裁判所、児童相談所、少年院、公民館、図書館、保護観察所等の敷地の周囲200メートルの区域内において、暴力団事務所を開設、または運営してはならない（同22条）。違反した場合は、1年以下の懲役または50万円以下の罰金（同33条1項1号）。

iii 青少年を暴力団事務所に立ち入らせることの禁止　暴力団員は、正当な理由なく、青少年を暴力団事務所に立ち入らせてはならない（同23条）。

iv 事業者の暴力団関係者に対する利益供与の禁止等

　a 事業者は暴力団の威力を利用する目的で利益を供与してはならない（同24条1項、3項）。その場合、暴力団関係者は利益供与を受け、また利益供与をさせてはならない（同2項、4項）。悪質な行為には、勧告・公表・命令があり、さらに違反した場合には、罰則の適用がある（同27条、29条、33条）。

　b 事業者は暴力団の活動を助長する目的で利益を提供してはならない（同3項）。例えば、暴力団の会合に仕出し弁当を配達する、宴会場の貸し出しをする、歌手を派遣する、暴力団にトラブル

の解決を依頼し謝礼を払う，みかじめ料を支払う，暴力団関連企業と商取引をするなど，利益供与は多様である。暴力団関係者は利益供与を受け，また利益供与をさせてはならない(同4項)。悪質な行為には，勧告・公表がある (同27条, 29条)。
　c　利益供与の事実等について，事業者が自ら申告した場合は勧告等の措置を行わない。威力利用目的の利益供与の場合は適用除外をしない (同28条)。
 v　他人の名義利用の禁止　暴力団員である事実を隠蔽する目的で，他人の名義を利用してはならない。隠蔽する目的を知って自己の名義を利用させてはならない(同25条)。違反した場合は勧告・公表 (同27条, 29条)，違反した者が申告した場合は勧告等の適用が除外される (同28条)。
④　違反者に対する措置等
 i　報告及び立入り　公安委員会は，事業者，暴力関係者に対し，報告もしくは資料の提出を求め，または警察職員に事業所，暴力団事務所その他の施設の立入り，帳簿，書類その他の物件を検査させ，もしくは関係者に質問させることができる (同26条1項)。立入り検査の権限は犯罪捜査のために認められたものと解してはならない (同3項)。
 ii　その他　違反者に対する措置として，勧告，公表，命令等があることについては，すでに触れた。

V　破壊的団体

　破防法は，暴力主義的破壊活動を行った団体に対する規制措置を定め，もって公共の安全の確保に寄与することを目的としている。破防法は，政治目的で刑法上の諸犯罪を行った個人を重く罰する特別刑法の側面と破壊的団体に対する団体規制的側面を持つ法律である。

(1) 暴力主義的破壊活動

　暴力主義的破壊活動とは，次の行為をいう (破防4条1項)。
①　i 刑法の内乱罪，その予備および陰謀罪，内乱等幇助罪，外患誘致罪，外患援助罪，その未遂罪または予備または陰謀罪を行うこと　ii i の行為の教唆を行うこと　iii 内乱罪，外患誘致罪または外患援助罪の行為を実行させる目的をもって，その行為の煽動をなすこと　iv 内乱罪，外患誘致罪または外患援助罪の行為を実行させる目的をもって，その実行の正当性または必要性を主張し

た文書または図面を印刷し，頒布し，または公然掲示すること
　ⅴ内乱罪，外患誘致罪または外患援助罪の行為を実行させる目的をもって，無線通信または有線放送により，その実行の正当性または必要性を主張する通信をなすこと（1号）。
② 政治上の主張もしくは施策を推進し，またはこれに反対する目的をもって，次の行為の1をなすこと。　ⅰ刑法の騒乱罪　ⅱ現住建造物等放火罪または非現住建造物放火罪　ⅲ激発物破裂罪　ⅳ往来危険罪　ⅴ汽車転覆等罪　ⅵ殺人罪　ⅶ強盗罪　ⅷ爆発物使用罪　ⅸ公務執行妨害および職務強要罪に当たる行為　ⅹⅰからⅸでの行為の予備，陰謀もしくは教唆をなし，またはⅰからⅸでの行為の1を実行させる目的をもってその行為の煽動をなすこと（2号）。

(2) 破壊的団体の規制

破壊的団体の規制に関する行政組織として，公安審査委員会および公安調査庁がある。

① 団体活動の制限

　公安審査委員会は，暴力主義的破壊活動を行った団体に対して，その団体が継続または反復して将来さらに団体の活動として暴力主義的活動を行う明らかなおそれがあると認めるに足りる十分な理由があるときは，次の処分を行うことができる。ただし，その処分は，そのおそれを除去するために必要かつ相当な程度をこえてはならない（同5条1項）。

　ⅰその活動が，集団示威運動，集団行進または公開の集会において行われたものである場合には，6ヵ月をこえない期間および地域を定めて，それぞれ，集団示威運動，集団行進および公開の集会を行うことを禁止すること　ⅱその活動が機関紙によって行われたものである場合には，6ヵ月をこえない期間を定めて，その機関紙を続けて印刷し，または頒布することを禁止すること　ⅲ6ヵ月をこえない期間を定めて，その活動に関与した特定の役職員または構成員にその団体のためにする行為をさせることを禁止すること。

　上記の処分が効力を生じた後は，何人も，その団体の役職員または構成員として，その処分の趣旨に反する行為をしてはならない（同5条2項）。違反した者は，2年以下の懲役または3万円以下の罰金（同43条）。

② 解散の指定

公安審査委員会は，次の団体が継続的または反復して将来さらに暴力主義的破壊活動を行う明らかなおそれがあると認めるに足りる十分な理由があり，かつ，団体活動の制限の処分によっては，そのおそれを有効に除去することができないと認められるときは，その団体に対して解散の指定を行うことができる（同7条）。

ⅰ団体の活動として破防法4条1項1号に掲げる暴力主義的破壊活動を行った団体

ⅱ団体の活動として破防法4条1項2号ⅰからⅸまでに掲げる暴力主義的破壊活動を行い，もしくはその実行に着手してこれを遂げず，または人を教唆し，もしくはこれを実行させる目的をもって人をせん動して，これを行わせた団体

ⅲ破壊活動の制限の処分を受け，さらに団体の活動として暴力主義的破壊活動を行った団体

③ 団体のためにする行為の禁止

解散の指定の処分の効力が生じた後は，その処分の原因となった暴力主義的破壊活動が行われた日以後その団体の役職員または構成員であった者は，その団体のためにするいかなる行為もしてはならない。ただし，その処分の効力に関する訴訟またはその団体の財産もしくは事務の整理に通常必要と思われる行為は，この限りでない（同8条）。

(3) 規制の手続

公安調査庁長官の処分の請求，処分の請求をしようとする事由の要旨・弁明の期日・場所の通知，意見の陳述・証拠の提出，傍聴，調書，公安審査委員会の決定などについて，法律の規定がある（同11条以下）。

(4) 調　査

① 公安調査官の調査権

公安調査官は，破防法による規制に関し，必要な調査をすることができる（同27条）。

② 書類および証拠物の閲覧

公安調査官は，破防法による規制に関し，調査のため必要があるときは，検察官または司法警察員に対して，その規制に関係のある事件に関する書類および証拠物の閲覧を求めることができる（同28条）。

③ 公安調査庁と警察との情報交換

公安調査庁と警察庁および都道府県警察とは，相互に，破防法の実施に関し，情報または資料を交換しなければならない（同29条）。

④ 公安調査官の職権濫用の罪

公安調査官がその職権を濫用し，人をして義務のないことを行わせ，または行うべき権利を妨害したときは，3年以下の懲役または禁錮（同45条）。

(5) 罰 則

内乱，外患の罪の教唆等，政治目的のための放火の罪の教唆等，政治目的のための騒乱の罪の予備等，教唆の罪などについても，それぞれ，罰則の適用がある（同38条以下）。

Ⅵ 無差別大量殺人行為を行った団体

団体規制法は，団体の活動として役職員または構成員が，例えばサリンを使用するなどして，無差別大量殺人を行った団体につき，その活動状況を明らかにし，またはその行為の再発を防止するために必要な規制措置を定め，もって国民の生活の平穏を含む公共の安全の確保に寄与することを目的として，制定された。

(1) 無差別大量殺人行為および団体

無差別大量殺人行為とは，破防法4条1項2号ヘに掲げる暴力主義的破壊活動であって，不特定かつ多数の者を殺害し，またはその実行に着手してこれを遂げないものをいう（無差別殺人団規4条1項）。

団体とは，特定の共同目的を達成するための多数人の継続的結合体またはその連合体をいう（同2項）。オウム真理教などの宗教団体がこれに当たる。

(2) 規 制 措 置

① 観察処分

ⅰ 要 件　公安審査委員会は，その団体の役職員または構成員がその団体の活動として無差別大量殺人行為を行った団体が，次の事項のいずれかに該当し，その活動状況を継続して明らかにする必要があると認められる場合には，その団体に対し，3年を超えない期間を定めて，公安調査長官の観察に付する処分を行うことができる（同5条1項）。

首謀者がその団体の活動に影響力を有していること，無差別大量殺人行為に関与した者がその団体の役職員または構成員である

こと，無差別大量殺人行為を行われた時にその団体の役員であった者がその団体の役員であること，その団体が殺人を明示的にまたは暗示的に勧める綱領を保持していること，以上のほか，その団体に無差別大量行為に及ぶ危険性があると認めるに足りる事実があること。

ii 内　容　観察処分を受けた団体は，その団体の役職員氏名，住所，その団体の活動の用に供されている土地，建物の所在等を公安調査庁長官に報告しなければならない（同2項）。公安審査委員会は観察処分を受けた団体の活動状況を明らかにするため，公安調査官に調査させ，土地建物に立ち入らせ，設備，帳簿その他必要な物件を検査させることができる（同7条）。立入りまたは検査を拒み，妨げ，または忌避した者は，1年以下の懲役または50万円以下の罰金（同39条）。

iii 取消し　公安審査委員会は，観察処分（同処分の更新を含む。）について，その団体の活動状況を継続して明きあらかにする必要がなくなったと認められるときは，これを取り消さなければならない（同6条）。

② 再発防止処分

再発防止処分，その内容およびその取消しについて，定めがある（同8条以下）。

③ 役職員または構成員等の禁止行為

再発防止処分を受けている団体の役職員または構成員は，その処分に違反する行為をしてはならない（同9条）。違反した者は，2年以下の懲役または100万円以下の罰金（同38条）。

(3) 規制措置の手続

① 処分の請求

観察処分（更新処分）および再発防止処分は，公安調査長官の請求があった場合にのみ行う（同12条）。

② 書面の提出

公安調査庁長官は，観察処分に係る団体の所有または管理する土地・建物に関する書面を公安審査委員会に提出しなければならない（同13条）。

③ 立入検査等

警察庁長官は，再発防止処分の請求に関して意見を述べるために必要があると認めるときは，観察処分を受けている団体につい

て，相当と認める都道府県警察に必要な調査を行うことを指示することができる（同14条1項）。都道府県警察本部長等は，立入検査をさせたときは，その結果を警察庁長官に報告し，警察庁長官はその内容を速やかに文書で公安調査庁長官に通報する（同5項，6項）。

なお，立入または検査を拒み，妨げ，または忌避した者は，1年以下の懲役または50万円以下の罰金（同39条）。

(4) **調　査**

公安調査官は，この法律による規制に関し，必要な調査をすることができる。（同29条）。公安調査官が，この法律の定める職権を濫用して，人に義務のないことを行わせ，または権利の行使を妨害したときは，3年以下の懲役または禁錮（同42条）。警察職員が職権濫用した場合も，同様である（同43条）。

第13章 災　害

　災害はいわば最大の危険物であると見ることができる。国土ならびに国民の生命，身体および財産を災害から保護するために災害対策基本法（昭和36・11・15—最終改正平成22），大規模地震対策特別措置法（昭和53・6・15—最終改正平成19），消防法（昭和23・7・24—最終改正平成2），水防法（昭和24・6・4—最終改正平成22），災害救助法（昭和22・10・18—最終改正平成22）および原子力災害対策特別措置法（平成11・12・17—最終改正平成18）などがある。

I　災　害

　災害とは，暴風，豪雨，豪雪，洪水，高潮，地震，津波，噴火その他の異常な自然現象または大規模な火事もしくは爆発その他その及ぼす被害の程度においてこれらに類する政令で定める原因により生ずる被害をいう（災害基2条1号）。

　地震災害とは，地震動により直接生ずる被害およびこれに伴い発生する津波，火事，爆発その他の異常な自然現象により生ずる被害をいう（大地震特2条1号）。地震動による土砂災害も含まれる。

　原子力災害とは，原子力緊急事態により国民の生命，身体または財産に生ずる被害をいう（原災対策2条1号）。原子力緊急事態とは，原子力事業者の原子炉の運転等により，放射性物質または放射線が異常な水準でその原子力事業者の原子力事業所外（放射性物質の運搬の場合には，その運搬に使用する容器外）へ放出された事態をいう（同2号）。

II　対 策 本 部

(1) 都道府県知事または市町村長

　都道府県知事または市町村長は，都道府県または市町村の地域について災害が発生し，または災害が発生するおそれがある場合において，防災の推進を図るため必要があると認めるときは，災害対策本部を設置することができる（同23条1項）。災害対策本部の長は，災害対策本部長とし，都道府県知事または市町村長をもって充てる（同2項）。都道府県知事または市町村長は，災害対策本部に，災害地にあって災害対策本部の事務の一部を行う組織として現地災害対策本部を置くこと

ができる (同5項)。

(2) 非常災害の場合

内閣総理大臣は,非常災害が発生した場合において,災害の規模その他の状況により災害に係る災害応急対策を推進するため特別の必要があると認めるときは,臨時に内閣府に非常災害対策本部を設置することができる (災害基24条1項)。非常災害対策本部の長は,非常災害対策本部長とし,国務大臣をもって充てる (同25条1項)。

(3) 激甚な非常災害の場合

内閣総理大臣は,著しく異常かつ激甚な非常災害が発生した場合において,災害に係る災害応急対策を推進するため特別の必要があると認めるときは,閣議にかけて,臨時に内閣府に緊急災害対策本部を設置するとこができる (同28条の2第1項)。緊急災害対策本部が設置された場合において,非常災害対策本部がすでに設置されているときは,非常災害対策本部は廃止される(同3項)。緊急災害対策本部長の長は,緊急災害対策本部長とし,内閣総理大臣 (事故があるときは,あらかじめ指名された国務大臣) をもって充てる (同28条の3第1項)。

(4) 原子力緊急事態宣言をした場合

内閣総理大臣は,原子力緊急事態宣言をしたときは,原子力緊急事態に係る緊急事態応急対策を推進するため,閣議にかけて,臨時に内閣府に原子力災害対策本部を設置するものとする (原災対策16条1項)。原子力災害対策本部の長は,原子力災害対策本部長とし,内閣総理大臣(事故あるときは,あらかじめ指定された国務大臣)をもって充てる (同17条1項)。

(5) 災害緊急事態の布告を発した場合

内閣総理大臣は,経済および公共の福祉に重大な影響を及ぼす異常かつ激甚な非常災害の場合に,特別の必要があると認めるときは,閣議にかけて,関係地域の全部または一部について災害緊急事態の布告を発することができる (同105条)。

内閣総理大臣は,災害緊急事態の布告があったときは,その災害に係る緊急災害対策本部が既に設置されている場合を除き,緊急災害対策本部を設置するものとする (同107条)。

Ⅲ 権 限

災害対策本部長，非常災害本部長および緊急災害対策本部長，原子力災害対策本部長には，次のような権限がる。

(1) 災害対策本部長

都道府県の災害対策本部長は，都道府県警察または都道府県の教育委員会に対し，市町村の災害対策本部長は，市町村の教育委員会に対し，それぞれ，都道府県または市町村の地域に係る災害予防または災害応急対策を実施するため，必要な指示をすることができる（同23条6項）。

(2) 非常災害対策本部長

① 権限を委任された職員の権限の行使について調整をすることができる。

② 災害応急対策を的確かつ迅速に実施するため，関係指定地方行政機関の長，地方公共団体の長などに対し，必要な指示をすることができる。

③ 非常災害現地対策本部が置かれたときは，権限の一部を非常災害現地対策本部長に委任することができる（同28条）。

(3) 緊急災害対策本部長

① 権限を委任された職員の権限行使について調整をすることができる。

② 災害応急対策を的確かつ迅速に実施するため，関係指定地方行政機関の長，地方公共団体の長などに対し，必要な指示をすることができる。

③ 緊急災害現地対策本部が置かれたときは，権限の一部を緊急災害現地対策本部長に委任することができる（同28条の6）。

(4) 原子力災害対策本部長

① 権限を委任された職員の権限行使について調整することができる。

② 緊急事態応急対策を的確かつ迅速に実施するため，主務大臣に対し，必要な命令をするよう指示することができる。

③ 緊急事態応急対策を的確かつ迅速に実施するため，関係指定行政機関の長，関係地方行政機関の長，その職員，地方公共団体の長，原子力業者等に対し，必要な指示をすることができる。緊急事態応急対策を的確かつ迅速に実施するため，防衛大臣に対し，自衛

隊の部隊等の派遣を要請することができる (同20条)。

Ⅳ 災害応急対策

(1) 発見者の通報義務

災害の発生するおそれがある異常な現象を発見した者は，遅滞なく，その旨を市町村長または警察官もしくは海上保安官に通報しなければならない (同54条1項)。

(2) 事前措置および避難

① 市町村長の出動命令

市町村長は，消防機関もしくは消防団に出動を命じ，または警察官もしくは海上保安官に対し，応急措置の実施に必要な準備をすることを要請し，もしくは求めなければならない (同58条)。

② 市町村長の事前措置

災害の拡大防止に必要と認められる設備または物件の占有者，所有者，管理者に対し，設備または物件の除去等を指示することができる (同59条1項)。

③ 市長村長の避難の勧告・指示

人の生命または身体を災害から保護し，その他災害の拡大を防止するため特に必要があると認めるときは，必要と認める地域の居住者，滞留者その他の者に対し，避難のため立退きを勧告し，および急を要すると認めるときは，避難のための立退きを指示することができる (同60条1項)。

避難の勧告は，災害が発生するおそれがある地域の住民に対し，避難の準備をし，危険な場所から退避するよう促すものであり，退避の指示は，直ちに別の安全な場所への避難を実施するよう指揮するものである。避難の勧告・指示は，災害のおそれがあることの確認→避難準備 (緊急時避難準備区域・計画的避難区域)・情報の発表→避難勧告・指示の発布 (同60条) →危険な場合は警戒区域の指定，立入禁止・退去命令 (同63条) など→安全な場合は解除というような流れとなる。

④ 警察官などの避難の指示

市町村長が立退きを指示することができないと認めるとき，または市町村長から要求があったときは，警察官または海上保安官は，避難のための立退きを指示することができる (同61条)。

(3) 応急措置

① 市町村の応急措置

　市町村長は，災害が発生し，またはまさに発生しようとしているときは，消防，水防，救助その他災害の発生を防御し，または災害の拡大を防止するために必要な応急措置をすみやかに実施しなければならない（同62条1項）。

② 市町村長の警戒区域設定権

　市町村長は，人の生命または身体に対する危険を防止するため特に必要があると認めるときは，警戒区域を設定し，災害応急対策に従事する者以外の者に対して，その区域への立入りを制限し，もしくは禁止し，またはその区域からの退去を命ずることができる（同63条1項）。

③ 応急公用負担等

　市町村長は，応急措置を実施するため緊急の必要があると認めるときは，その市町村の区域内の他人の土地，建物その他の工作物を一時使用し，または土石，竹木その他の物件を使用し，もしくは収用することができる（同64条1項）。また，住民や応急措置を実施すべき現場にある者を応急措置の業務に従事させることができる（同65条1項）。

④ 災害派遣の要請の要求

　市町村長は，応急措置を実施するため必要があると認めるときは，都道府県知事に対し，自衛隊の部隊等の派遣の要請をするよう求めることができる（同68条の2第1項）。

⑤ 都道府県知事の従事命令等

　都道府県知事は，その都道府県の地域に係る災害が発生した場合において，応急措置を実施するため特に必要があると認めるときは，災害救助法の例により医療または土木建築工事，輸送関係者に対し，従事命令，協力命令，もしくは保管命令を発し，施設，土地，家屋もしくは物資を管理し，使用し，もしくは収用し，またはその職員に，施設，土地，家屋等に立入検査をさせ，もしくは物資を保管させた者から必要な報告を取ることができる（同71条）。

⑥ 都道府県知事の指示

　都道府県知事は，市町村の実施する応急措置が適確かつ円滑に行われるようにするため特に必要があると認めるときは，市町村

長に対し，応急措置の実施について必要な指示をし，または他の市町村長を応援することを指示することができる（同72条）。

⑦ 災害時における交通の規制

都道府県知事は，その都道府県または隣接しもしくは近接する都道府県の地域に係る災害が発生し，またはまさに発生しようとする場合において，緊急の必要があると認めるときは，道路の区間を指定して，緊急通行車両以外の車両の道路における通行を禁止し，または制限することができる（同76条1項）。

警察官は，通行禁止区域等において，車両その他の物件が緊急通行車両の通行の妨害となるときは，その車両その他の物件を付近の道路外の場所へ移動することその他必要な措置をとることを命ずることができる（同76条の3第1項）。

⑧ 損失補償等

国または地方公共団体は，応急公用負担等で収用が行われた場合，その処分により通常生ずべき損失を補償しなければならない（同82条）。また，応急措置の業務に従事した者が，そのため死亡し，負傷し，もしくは疾病にかかり，または傷害の状態になったときは，市町村は，損害を補償しなければならない（同84条）。

(4) 災害緊急事態における緊急措置

災害緊急事態における緊急措置として，内閣は，次の事項について必要な措置をとるため，政令を制定することができる（同109条）。

① 生活必需物資の配給，譲渡，引渡しの制限・禁止（同1号）。
② 国民生活安定のため必要な物価または役務等の給付の対価の最高額の決定（同2号）。
③ 金銭債務の支払延期および権利の保存期間の延長（同3号）。
④ 海外からの支援の受け入れについて必要な措置（同109条の2）。

V 大規模地震

(1) 地震防災対策強化地域の指定

内閣総理大臣は，大規模な地震が発生するおそれが特に大きいと認められる地域内において大規模な地震が発生した場合に著しい地震災害が生じるおそれがあるため，地震防災に関する対策を強化する必要がある地域を地震防災対策強化地域（「強化地域」という。）として指定するものとする（大規模地震対策3条）。

(2) 警戒宣言等

内閣総理大臣は，気象庁長官から地震予知情報の報告を受けた場合において，地震防災応急対策を実施する緊急の必要があると認めるときは，閣議にかけて，地震災害に関する警戒宣言を発しなければならない (同9条)。

　内閣総理大臣は，警戒宣言を発したときは，臨時に内閣府に地震災害警戒本部を設置するものとする。地震災害警戒本部長には内閣総理大臣（事故あるときは，あらかじめ指名された国務大臣）をもって充てる (同10条，11条)。

　警戒宣言が発せられたときは，強化地域に係る都道府県知事または市町村長は，都道府県地震災害警戒本部または市町村地震災害警戒本部を設置するものとする (同16条)。都道府県地震災害本部または市町村警戒本部は，災害対策基本法による災害対策本部が設置されたときに，廃止されるものとする (同19条)。

(3) 市町村長の指示等

　市町村長は，警戒宣言が発せられた場合において，実施すべき措置や必要な措置等を直ちにその実施をすべきことを指示することができる (同23条1項)。そのほか，必要な措置を執るべきことを要請し，または勧告することができる (同4項)。

(4) 交通の禁止または制限

　地震防災対策強化地域に係る都道府県またはこれに隣接する都道府県の都道府県公安委員会は，警戒宣言が発せられた場合において，必要な限度において，歩行者または車両の通行を禁止し，または制限することができる。(同24条)。

(5) 避難の際における警察官の警告，指示等

　警察官は，警戒宣言が発せられた場合において，必要な警告または指示をすることができる。この場合において，危険な場所への立入りを禁止し，もしくはその場所から退去させ，または道路上の車両その他の物件の除去その他必要な措置を執ることができる (同25条)。

(6) 応急公用負担の特例

　市町村長は，地震防災応急対策に係る措置を実施するため緊急の必要があると認めるときは，その市町村の区域内の他人の土地，建物その他の工作物を一時使用し，または土石，竹木その他の物件を使用することができる。この場合，その処分により通常生ずべき損失を補償しなければならない (同27条1項，6項)。

Ⅵ 火災および水害

消防法は，火災を予防し，警戒し，および鎮圧し，国民の生命，身体および財産を火災から保護するとともに，安寧秩序を保持し，社会公共の福祉の増進に資することを目的として制定された。また，水防法は，洪水または高潮に際し，水災を警戒し，防ぎょし，もって公共の安全を保持することを目的として制定された。

災害対策基本法は大規模な噴火・火事・爆発・津波・豪雨・洪水・高潮などに適用される。

以下には，火災の現場において消防職員が行う措置および水害の場合の水防団長，水防団員などが行う措置について述べるにとどめる。

(1) 消防吏員または消防団員

① 消防警戒区域

火災の現場においては，消防吏員または消防団員は，消防警戒区域を設定して総務省令で定める者以外の者に対してその区域からの退去を命じ，またはその区域からの出入りを禁止しもしくは制限することができる（消防28条）。

② 土地の使用・処分・使用制限等

消防吏員または消防団員は，消火もしくは延焼の防止または人命の救助のため必要があるときは，火災が発生せんとし，または発生した消防対象物およびこれらのものの在る土地を使用し，処分しまたは使用を制限することができる（同29条1項）。

消防長もしくは消防署長または消防本部を置かない市町村においては消防団の長は，火勢，気象の状況その他周囲の事情から合理的に判断して延焼防止のためやむを得ないとみとめるときは，延焼の虞ある消防対象物およびこれらのものの在る土地を使用し，処分しまたはその使用を制限することができる（同2項）。

消防長もしくは消防署長または消防本部を置かない市町村においては消防団の長は，消火もしくは延焼の防止または人命の救助のため緊急の必要があるときは，前2項に規定する消防対象物および土地以外の消防対象物および土地を使用し，処分しまたはその使用を制限することができる。この場合においては，そのために損害を受けた者からその損失の補償の要求があるときは，時価により，その損失を補償するものとする（同29条3項）。これは破壊消防の措置である。

③ 用水路の水門等の開閉権

　火災の現場に対する給水を維持する為に緊急の必要があるときは，消防長等は，水利を使用しまたは用水路の水門，樋門もしくは水道の制水弁の開閉を行うことができる（同30条）。

(2) **水防団長および水防団員等**

① 警戒区域

　水防上緊急の必要がある場所においては，水防団長，水防団員または消防機関に属する者は，警戒区域を設定し，水防関係者以外の者に対して，その区域への立入りを禁止し，もしくは制限し，またはその区域からの退去を命ずることができる（水防21条）。

② 公用負担

　水防のため緊急の必要があるときは，水防管理者，水防団長または消防機関の長は，水防の現場において，必要な土地を一時使用し，土石，竹木その他の資材を使用し，もしくは収用し，車両その他の運搬用機器を使用し，または工作物その他の障害物を処分することができる。水防管理団体は，損失を受けた者に対し，時価によりその損失を補償しなければならない（同28条1項,2項）。

③ 立退きの指示

　洪水または高潮の氾濫により著しい危険が切迫していると認めるときは，都道府県知事，その命を受けた都道府県の職員または水防管理者は，必要と認める区域の居住者に対し，避難のため立ち退くべきことを指示することができる。水防管理者が指示する場合においては，警察署長にその旨を通知しなければならない（同29条）。

(3) **警察官の措置についての法律の適用**

　警察官の措置について，災害対策基本法，消防法，水防法，警職法などの法律の規定が錯綜しているが，それぞれの法律の適用の優先順位については，「特別法は一般法に優先する」という原則によって解決される。この場合，警職法は，警察官の職務についての最も一般的な規定であるというべきである。また，災害対策基本法は通常の法律と同様の立法手続によって成立し，その効力は通常の法律と同じである。ただ，災害対策基本法は，基本法であるが故に，法論理的に他の通常の法律より「優位」しているかのように見えるにすぎない。

　したがって，災害の応急措置としては，消防法や水防法の規定が災害対策基本法に優先し（災害基10条），災害対策基本法61条（警察官等

の避難の指示）の規定は警職法4条（避難等の措置）の規定に優先する。災害時においては警職法4条の規定が適用されることはないということができよう。

Ⅶ 原子力災害

原子力災害から国民の生命，身体および財産を保護することを目的として原子力災害対策特別措置法が制定された。原子力災害がもたらす深刻な事態を考えれば，事故収束後の原発の再稼動または新設は，一事業者，一市町村長・知事，一政府などが責任を負うことのできる問題であるということができるかどうか，甚だ疑わしい。民主制国家においては，住民投票または国民投票によるべきであるといえよう。

(1) 緊急事態応急対策拠点施設の指定

主務大臣は，原子力事業所ごとに，緊急事態応急対策拠点施設（オフサイトセンター）を指定するものとする（同12条）。この指定は，原子力緊急事態が発生する前に，行われる。

(2) 原子力緊急事態宣言

① 主務大臣は，原子力緊急事態が発生したと認めるときは，直ちに，内閣総理大臣に対し，その状況に関する必要な情報の報告をし，指示の案を提出しなければならない（同15条1項）。

② 内閣総理大臣は，主務大臣の報告および指示の案の提出のあったときは，直ちに，原子力緊急事態宣言をするものとする（同2項）。

③ 内閣総理大臣は，主務大臣の報告および提出があったときは，直ちに，市町村長および都道府県知事に対し，避難のための立退きまたは屋内への退避の勧告または指示を行うべきことその他の緊急事態応急対策に関する事項を指示するものとする（同3項）。この場合，緊急時避難準備区域，計画的避難区域などが設定される。

内閣総理大臣は，応急の対策を実施する必要がなくなったと認めるときは，速やかに，原子力緊急事態解除宣言をするものとする（同4項）。

④ 内閣総理大臣は，原子力緊急事態宣言をしたときは，閣議にかけて臨時に内閣府に原子力災害対策本部を設置するものとする。原子力災害対策本部長は内閣総理大臣（事故あるときは，あらかじめ指定された国務大臣）をもって充てる（同17条）。

原子力緊急事態宣言があったときは，緊急事態応急対策実施区

域を管轄する都道府県知事および市町村長は，災害対策本部を設置するものとする（同22条）。

(3) 原子力災害対策本部長の権限
① 権限を委任された職員の権限の行使について調整をすることができる（同20条1号）。
② 緊急事態応急対策を的確かつ迅速に実施するため特に必要があると認めるときは，主務大臣に対し，必要な命令をするよう指示することができる（同2号）。
③ 緊急事態応急対策を的確かつ迅速に実施するため，自衛隊の支援を求める必要があると認めるときは，防衛大臣に対し，自衛隊法に規定する部隊等の派遣を要請することができる（同4号）。

(4) 読替え適用
原子力災害については，災害対策基本法の規定が読み替えられて適用される（原災対策28条1項）。また，原子力緊急事態宣言があったときから解除宣言があるまでは，例えば災害対策基本法の60条1項の「立退き」は「立退き又は屋内への退避」などと読み替えられる（同2項）。

Ⅷ 緊急事態の特別措置

警察法は，治安維持その他秩序維持上，急迫した強度の危険な状態（緊急事態）が発生している場合に，特別の警察措置をとることを責務としている。特別の警察措置とは，内閣総理大臣が警察を統制するという措置である。警察法の規定には，「大規模な災害または騒乱」とあるが，重点は「大規模な・・・・・騒乱その他の緊急事態」にあり，多数人が集合して暴行・脅迫，放火などにより1地方の平穏を害するような緊急事態が発生した場合には，内閣総理大臣は警察権を掌握し，全警察を内閣総理大臣の統制に服せしめるという点にあるというべきであろう。

(1) 緊急事態の布告
内閣総理大臣は，次の要件の下に，全国または1部の区域について緊急事態の布告を発することができる（警71条1項）。

① 布告の要件
  i 大規模な災害または騒乱その他の緊急事態が発生していること
    緊急事態は治安維持上重大な事態であるが，その範囲・程度等が明確に規定されていない。外国の武力攻撃による直接侵略に対しては，自衛隊の防衛で対抗し，警察の責務には含まれていない

第2部 危険防止

大規模災害時の法体系の概要

災害対策基本法

災害対策の一般法であり，防災計画の作成，災害の予防から応急対策，復旧・復興に至るまでの総合的な措置について規定。

☆災害対策は一次的には市町村

発生

市町村（災害対策本部の設置）
- 消防，水防団，警察等への出動命令等
- 災害状況の報告
- 避難指示・勧告
- 警戒区域の設定，立ち入りの制限・禁止，退去命令
- 応急公用負担（土地，建等の一時使用，住民・現場にある者への従事命令等）

都道府県（災害対策本部の設置）
- 災害対策本部の設置
- 医療，土木建築工事，輸送関係者への従事命令
- 交通規制（公安委員会）

指示

国（非常災害対策本部）
本部長：防災担当大臣
（事故災害の場合は所管大臣）

非常災害※

国（緊急災害対策本部）
本部長：内閣総理大臣

著しく，異常かつ激甚な非常災害

状況に応じて移行

災害緊急事態の布告

以下の緊急政令が制定可能
- 生活必需物資の配給，譲渡・引渡しの制限・禁止
- 国民生活の安定のため必要な物価または役務等の給付の対価の最高額の決定
- 金銭債務の支払延期および権利の保存期間の延長
- 海外からの支援の受け入れについて必要な措置

経済および公共の福祉に重大な影響を及ぼす異常かつ激甚な非常災害

※都道府県の段階では十分な災害対策を講じることができないような災害

資料：災害対策制度研究会編著「図解 日本の防災行政」（改訂版，ぎょうせい，平成）

大規模地震対策対策特別措置法

予知の可能性のある大規模地震について，地震災害を防止または軽減するための地震防災応急対策について規定。

(予知前) 地震防災対策強化地域の指定　地震防災基本計画の作成
(予知後) 警戒宣言の発出
　　　　 地震災害警戒本部の設置 (本部長：内閣総理大臣)
　　　　 地震防災応急対策の実施 (予知情報の伝達，避難勧告・指示など)

原子力災害対策特別措置法

放射線の被ばくなどは災害発生の認識が困難であり、専門的な知見や特別な装備が必要であることから，迅速な初動措置を行うために，国の役割と責任を強化。

(発災前) 緊急事態応急対策拠点施設 (オフサイトセンター) の指定
　　　　 原子力事業者防災業務計画の作成
(発災後) 原子力緊急事態宣言の発出
　　　　 原子力災害対策本部の必置 (本部長：内閣総理大臣)
　　　　 応急対策実施区域内の地方公共団体の災害対策本部の必置
　　　　 オフサイトセンターを拠点に，国，地方公共団体，原子力事業者からなる原子力災害合同対策協議会の組織

災害救助のための法律

◎災害救助法 (食料の提供，救助，医療，収容施設・応急仮設住宅の供与等)
◎自衛隊法 (災害派遣，地震防災派遣，原子力防災派遣)
◎警察官職務執行法・警察法
◎消防法・消防組織法

というべきである。しかし，直接侵略に関連して発生する破壊と混乱から人の生命・財産を保護することは警察の責務に属する。
ⅱ 内閣総理大臣が治安維持のため特に必要があると認めること
　通常の都道府県公安委員会による警察の管理では，治安の維持が困難であると認められる場合である。
ⅲ 国家公安委員会の勧告に基づくこと
　緊急事態の布告には国家公安委員会の勧告が必要であり，勧告がなければ，布告は無効である。しかし国家公安委員会の勧告があっても，緊急事態の布告を発するか否かは，内閣総理大臣の裁量にある。
② 布告の形式
　緊急事態の布告には，その区域，事態の概要および布告の効力を発する日時を記載しなければならない（同2項）。

(2) 緊急事態の布告の効果
① 内閣総理大臣の統制
　内閣総理大臣は，緊急事態の布告を発したときは，一時的に警察を統制する。この場合，内閣総理大臣は，緊急事態を収拾するため必要な限度において，警察庁長官を直接に指揮監督するものとする（同72条）。都道府県警察は，緊急事態の布告があったときは，内閣総理大臣の統制に服する。
② 警察庁長官の命令，指揮等
ⅰ 警察庁長官は，布告区域を管轄する都道府県警察の警視総監または警察本部長に対し，管区警察局長は布告区域を管轄する府県警察の本部長に対し，必要な命令を発し，または指揮をするものとする（同73条1項）。
ⅱ 警察庁長官は，布告区域を管轄する都道府県警察以外の都道府県警察に対して，布告区域その他必要な区域に警察官を派遣することを命ずることができる（同2項）。布告区域に派遣された警察官は，その区域のいかなる地域においても職権を行うことができる（同3項）。

(3) 国会の承認および布告の廃止
　内閣総理大臣は，緊急事態の布告を発した日から20日以内に国会に付議して，その承認を求めなければならない。国会が，不承認または布告の廃止を議決したとき，または布告の必要がなくなったときは，速やかにこれを廃止しなければならない（同74条）。

事項検索

【い】

威嚇射撃 … 47
異常な挙動 … 49
一時保管 … 62
一斉検問 … 53
一般的質問 … 49
移動警察 … 24
違反広告物の除去 … 111
違法工作物等に対する措置 … 99
違法駐車車両の移動 … 93〜
違法駐車に対する措置 … 91〜
違法駐車標章 … 91
飲食店営業の停止 … 109

【え】

営業の自由 … 101
映像送信型性風俗特殊営業の規制 … 111
沿道工作物等の危険防止の措置 … 96

【お】

応急公用負担 … 139,141

【か】

海上保安官 … 25
海上保安庁 … 24〜
火災 … 142
過剰の限界 … 36
加入の強要の規制（暴対法） … 124
火薬類 … 116
　——の製造・販売営業の許可 … 116
仮の命令（ストーカー規制法） … 83〜
仮領置 … 62
観察処分（団体規制法） … 131〜
管区警察局 … 19
監督者の責任 … 64

【き】

危険防止 … 32
危険防止のための立入り … 60
羈束裁量 … 44
客引き … 86,108
供述拒否権の告知 … 51
強制連行・供述義務 … 51
強制移動 … 93
行政警察 … 14
許可制 … 102,106,114,116
緊急災害対策本部 … 137
緊急事態の布告 … 145〜
緊急事態応急対策拠点施設 … 144
緊急配備検問 … 52〜
緊急避難 … 48
禁止措置（暴力団排除条例の） … 127
禁止命令（ストーカー規制法） … 83

【く】

国の公安に係る警察の運営 … 17
ぐれん隊 … 86

【け】

警戒検問 … 52
警戒区域 … 139
警戒宣言 … 140〜
警告 … 59
警察
　——下命 … 43
　——緊急権 … 68
　——緊急状態における非警察責任者 … 70
　——強制 … 45〜
　——許可 … 44〜
　——権の限界の理論 … 40〜

事項検索

――公共の原則……………………40
――消極目的の原則………………40
――の介入義務……………………36
――の概念…………………………12
――の権限規定 ………………30～
――の種類 ……………………14～
――の責務規範 ………………29～
――の組織 ……………………17～
――の変遷…………………………11
――の保護対象（守備範囲）…30～
――比例原則 …………………39～
警察官 …………………………20～
――の階級…………………………24
――の職権行使……………………24
――措置についての法律の適用…143
警察許可の撤回の場合の補償請求権…70
警察署………………………………21
警察上の援助強制…………………68
警察署協議会………………………23
警察職員……………………………24
警察責任……………………………63
――の原則…………………………40
警察庁 …………………………18～
――長官 ………………………18～
――の職員…………………………20
――の所掌事務……………………19
警察便宜主義 …………………36～
警察法2条の法的性格……………29
警察法の警察………………………13
警察本部長…………………………21
――の援助（ストーカー規制法）…84
刑事警察……………………………14
警視総監……………………………21
警視庁 …………………………21～
形式的意味の警察…………………13
警備公安警察………………………15
警備業………………………………27
景品買行為…………………………86
激甚な非常災害……………………136

原因（惹起）の直接性……………64
権限規定 ………………………29～
原子力災害 …………………… 144～
――災害対策本部長の権限 ……145
――緊急事態宣言 …………… 144～
けん銃………………………………46,113～
権力濫用の防止……………………33

【こ】

高齢者虐待 …………………… 75～
公安委員会 …………………… 17～
公安審査委員会・公安調査庁 …… 25～
行為責任 ……………………… 63～
公共の安全の維持 …………… 32～
皇宮護衛官…………………………20
皇宮警察本部………………………19
広告および宣伝の制限 …………111
工作物等に対する応急措置 … 99～
交通の規制（安全対策）…… 89～
――の取締………………………31
交通検問……………………………52
交通事故 ……………………… 95～
――の場合の措置………………96
交通巡視員…………………………91
交通反則通告制度 ………………93～
高等警察（特高）…………………14
交番…………………………………21
古式銃砲・刀剣類の登録 ………115
個人の生命、身体および財産の保護…30
国家公安委員会 ……………… 17～
――の所掌事務 ……………… 17～
国家警察……………………………15
古物営業の許可 …………………102

【さ】

災　害………………………………135～
災害応急対策………………………138
災害緊急事態………………………136
災害対策本部………………………136

災害派遣の要請 …………………139	障害……………………………63
再出頭要求（児童虐待防止法）………76	障害者の責任……………………64
再発防止処分（団体規制法）……… 132	障害者に対する警察の費用請求権……71
再発防止命令（暴対法）…………123	消極的態度を理由とする裁量収縮…37〜
裁量収縮論 ………………………… 37〜	状態責任 ……………………… 66〜
差止め（古物・質屋営業法）…………103	消防庁・消防署……………………25
	消防吏員・消防団員 ……………142
【し】	職務質問 ……………………… 49〜
市警察部…………………………21	所持品検査 …………………… 51〜
自殺………………………………55	ショバヤ行為………………………86
地震災害 …………………………135	信号機………………………………89
地震防災対策強化地域 …………140	審査専門委員（暴対法）……… 122
事前措置（市町村長の）…………138	深夜における飲食店営業の規制 ……112
指　示（市町村長の）…………138〜,141	
事情聴取…………………………51	**【す】**
実質的意味の警察…………………12	水　害……………………………142〜
質屋営業 ………………………101〜	水害予防組合・水防団……………25
――の許可 ………………………102	ストーカー行為 ……………… 81〜
指　定（暴対法）……… 121〜	
――手続要件 ……………………122	**【せ】**
――有効期間 ……………………122	制限された便宜主義 ………… 36〜
――の要件 ……………………121〜	制　止……………………………59
指定暴力団 ……………………121	政治警察 ……………………… 14〜
児童虐待 ……………………… 75〜	精神錯乱者 …………………… 54〜
児童相談所…………………………76	制度的意味の警察…………………13
自動公衆送信装置設置者の規制 ……111	正当防衛……………………………48
自動車検問……………………………52	性風俗関連特殊営業 …………105〜
品触れ ……………………………103	――の規則 ……………………109〜
シノギ ……………………………122	責務規範 ……………………… 29〜
司法警察……………………………14	接客業務受託営業の規制 …………112
市民警察……………………………15	接待飲食等営業……………………106
射殺の正当化についての判例…………48	是正措置命令………………………91
車両に対する規制 …………… 90〜	潜在的責任 …………………… 66〜
車輪止め装置・標章………………91	
出頭要求（児童虐待防止法）…………76	**【そ】**
銃　砲・刀剣類……………………113	即時強制 ……………………… 45〜
――の所持の禁止 ……………114	――の法的性質……………………45
――の所持の許可 ……………114〜	――の手段…………………………46
従事命令（都道府県知事の）…………139	速　度………………………………90

151

損失補償 ……………………………… 69～

【た】

第三者の責任（警察緊急状態）………68
立入り ………………………………… 59～
立入の手続………………………………60
脱警察化…………………………………13

【ち】

地方警察職員……………………………23
地方警務官………………………………23
致命的射撃の許容性……………………47
駐　車……………………………………90
駐車監視員………………………………91
調査・検査のための立入り……………60
帳簿の備付け・記載…………………102
直接強制…………………………………45
直接原因（惹起）の理論………………64
鎮圧警察…………………………………14

【つ】

通行の禁止（道交法）…………………89
つきまとい（ストーカー規制法）……81

【て】

停止（職務質問における）…………49～
停車・駐車………………………………90
でい酔者……………………………… 54～
適法な侵害の場合の補償 ………… 69～
点検（捜検）……………………………52
店舗型性風俗特殊営業………………106
　　——の規則 ………………………109
電話異性紹介営業の規制 …………111～

【と】

東京都暴力排除条例 ………………125～
刀剣類の所持の許可…………………114
　　——の製作の承認 ………………115
　　——の登録 ………………………115

盗品・遺失物の回復 …………………103
道路の使用 …………………………… 97～
　　——の許可……………………………97
　　——における禁止行為………………97
道路標識…………………………………89
登録（銃刀法） ………………………115
特例許可（風営適正化法） …………108
土地物件の使用・処分（水防法）……68
都道府県公安委員会……………………20
都道府県警察 ……………………… 20～
届出制 ………………………………111～,117
取調べ（事情聴取）……………………50

【に】

入国審査官・入国警備官………………26
任意同行 ……………………………… 50～

【は】

配偶者暴力 …………………………… 79～
配偶者暴力相談支援センター…………79
破壊消防………………………………68,70,142
破壊的団体……………………………128
　　——の規制 ………………………129
　　——の規制手続 …………………130
派出所（交番）・駐在所………………21
犯罪の予防・鎮圧・捜査………………31
犯罪の予防・制止 ………………… 58～
反則金……………………………………94
　　——の告知・通知……………………94
反則行為 ……………………………… 94～
反則者に係る刑事事件…………………95

【ひ】

被疑者の逮捕……………………………31
非常災害 ………………………………135
　　——対策本部長 …………………136
必要最小限の侵害の原則 ………39,45,47
人に危害を与える武器の使用…………47
避難強制 ……………………………… 57～

避難強制措置……………………57
　　——の事前手続……………………58
　　——の種類……………………57
　　——の要件……………………57
比例原則 ……………………39 ～
　　——の内容 ……………………39 ～
ピンクビラ等の配布 …………… 86 ～

【ふ】

風俗営業 ……………………104 ～
　　——の許可……………………106 ～
　　——の停止……………………108 ～
風俗営業者の禁止行為 ……………108
不作為による原因者…………………65
武　器……………………46
武器の使用 …………………… 46 ～
　　——の事前警告……………………47
　　——の要件……………………46
複数の警察責任……………………67
普通警察……………………14

【ほ】

保安警察……………………14
報告の徴収（火薬取締法） ………… 117
法治主義……………………35
方面公安委員会……………………21
方面本部……………………21
暴力主義的破壊活動 ………………128 ～
暴力団……………………120 ～
暴力団事務所における禁止行為 ……124
　　——の使用制限 ……………124
暴力団追放運動推進センター ………124
暴力的要求行為 ……………………122
　　——に対する措置 ……………123
　　——の規制 ……………………122
　　——の禁止 ……………………122
保　護 …………………… 53 ～
　　——の実施……………………54
　　——の事後措置……………………56

　　——の対象 …………… 54 ～
　　——の要件……………………54
保護命令（配偶者暴力防止法）……79 ～

【ま】

麻薬・覚せい剤 ……………………118 ～
麻薬取締官・麻薬取締員 …………25,120

【み】

みかじめ料 …………………… 122,128
身分確認義務（古物・質屋営業法）
　　………102
民事不介入の原則 …………… 31,40

【む】

無差別大量殺人行為を行った団体
　　……………………131 ～
無店舗型性風俗特殊営業の規制 ……111

【め】

迷惑行為 …………………… 85 ～

【ゆ】

誘因者……………………65
有害性の限界……………………36
遊技場営業者の禁止行為 ……………108
指詰めの強要に対する規制 …………124

【よ】

養護老人ホーム……………………78
用心棒代……………………122
予防警察……………………14
用水路・水門等の開閉権 ……………143

【り】

利益供与の禁止（暴対法）……… 127 ～
猟銃・空気銃の許可 ……………………115

判例索引

最高裁判所

昭 29・7・15 刑集 8 巻 7 号 1137 頁…50
昭 30・7・19（決）刑集 9 巻 9 号
　1908 頁 ……………………………50
最判昭 38・6・26 刑集 17 巻 5 号 521 頁
　＝奈良ため池条例事件……………69
昭 47・5・30 民集 26 巻 4 号 851 頁
　（＝破壊消防に伴う損失補償事件）…70
昭 53・6・20 刑集 32 巻 4 号 670 頁
　（＝米子銀行強盗事件）……………51
昭 53・9・7 刑集 32 巻 6 号 1672 頁
　（＝警職法による所持品検査事件）…52
昭 53・9・22（決）刑集 32 巻 6 号
　1774 頁 ……………………………53
昭 55・9・22 刑集 34 巻 5 号 272 頁
　（＝自動車の一斉検問事件）………53
昭 57・1・19 民集 36 巻 1 号 19 頁
　（＝ナイフ一時保管懈怠事件）……62
昭 57・7・15 民集 36 巻 6 号 1169 頁
　（＝反則金通告事件）………………93
昭 58・2・18 民集 37 巻 1 号 59 頁
　（＝地下道新設に伴う石油貯蔵タンク
　移転事件）……………………………67
昭 59・3・23 民集 38 巻 5 号 475 頁
　（＝新島漂流着砲弾爆発事件）……58
平 1・9・26 判時 2357 号 147 頁………50
平 1・11・24 民集 43 巻 10 号 1169 頁
　（＝宅建法上の監督権限不行使事件）
　……………………………………38
平 3・7・16（決）刑集 45 巻 6 号 201 頁
　……………………………………57
平 6・9・16（決）刑集 48 巻 6 号 420 頁
　…………………………………50,53

平 7・6・23 民集 49 巻 6 号 1600 頁
　＝クロロキン訴訟 ………………38
平 15・5・26（決）刑集 57 巻 5 号
　620 頁 ……………………………50

高等裁判所

福岡 28・10・1 高刑集 6 巻 10 号
　1366 頁 ……………………………59
広島昭 29・5・18 高刑集 7 巻 3 号
　483 頁 ……………………………50
福岡昭 30・6・9 高刑集 8 巻 5 号
　643 頁 ……………………………55
東京（決）昭 32・11・11 東高時報 8 巻
　11 号 388 頁………………………48
東京昭 34・6・29 高刑集 12 巻 6 号
　653 頁 ……………………………53
福岡昭 36・7・14 高検速報 851 号
　……………………………………55
大阪昭 38・9・6 高刑集 16 巻 7 号
　526 頁 ……………………………53
福岡（決）昭 42・3・6 下刑集 9 巻 3 号
　233 頁 ……………………………48
福岡昭 45・1・30 刑裁月報 10 号
　1068 頁 ……………………………59
東京昭 45・11・12 東高刑時報
　21 巻 11 号 390 頁 ………………53
仙台高秋田支　昭和 46・8・2 刑裁
　時報 3 巻 8 号 1076 頁 ……………53
東京昭 48・4・23 高刑集 26 巻 2 号
　180 頁 ……………………………53
名古屋　昭 50・3・27 判時 775 号
　21 頁 ………………………………59
広島昭和 51・4・1 高刑集 29 巻 2 号
　240 頁 ……………………………50

名古屋高金沢支　昭52・6・30判時
　878号118頁 ……………………50,53
東京昭52・11・17判時857号
　17頁（＝千葉野犬咬死事件）………38
東京昭54・7・9判時948号
　126頁 ……………………………………53
札幌平4・7・21高検速報144号
　…………………………………………55
東京平8・9・3高刑集49巻3号
　421頁……………………………50,53

地方裁判所

横浜昭34・9・30下民集10巻9号
　2065頁 ……………………………………59
大阪昭37・2・28判時296号
　6頁 ………………………………………53
東京昭40・8・9下刑集7巻8号
　1603頁 ……………………………………59
広島昭41・10・27判時472号
　60頁 ………………………………………55
大阪昭43・9・20判タ228号
　229頁……………………………………50
東京昭45・1・28下民集21巻1・2号
　32頁（＝血のメーデー事件）………48
広島（決）昭46・2・26刑裁月報3巻
　2号310頁 ………………………………48
長崎（決）昭47・9・29刑裁月報4巻
　9号1578頁………………………………58
高知昭48・11・14下民集24巻
　9～12号836頁…………………………55
広島昭50・12・9判タ349号
　284頁 ……………………………………59

熊本昭51・10・28刑裁資料217号
　404頁 ……………………………………48
東京昭53・8・3判時899号48頁
　（＝東京スモン事件）…………………38
岡山昭54・9・28ジュリスト
　712号判例カード97……………………55
福岡昭56・11・20判タ460号
　123頁 ……………………………………56
大阪昭和61・5・8判時1219号
　143頁 ………………………………55,56
大阪昭63・6・27判時1294号
　72頁（＝大阪府野犬咬死事件）……38
大阪平2・11・9判タ759号
　268頁 ……………………………………50
浦和平3・5・15判時1400号
　106頁 ……………………………………59
浦和平3・9・26判時1410号
　121頁 ……………………………………55
東京八王子支（決）平4・4・3判タ
　809号226頁 ……………………………48
東京平4・9・3判時1453号
　173頁 ……………………………………50
千葉松戸支（決）平5・2・8判時
　1458号156頁……………………………55
大阪平5・7・1判時1478号
　146頁 ……………………………………56
岡山平6・4・21判例自治127号
　95頁 ……………………………………56
大阪平10・10・27判時1618号
　79頁 ……………………………………48

■著者紹介

宮田三郎（みやた・さぶろう）

1930年　秋田県に生まれる
1953年　東北大学法学部卒業
　　　　千葉大学名誉教授

〈主要著書〉
行政法［学説判例事典］（東出版，1974年）
行政計画法（ぎょうせい，1984年）
行政裁量とその統制密度（信山社，1994年）
行政法総論（信山社，1997年）
行政訴訟法〈第2版〉（信山社，2007年）
行政手続法（信山社，1999年）
国家責任法（信山社，2000年）
環境行政法（信山社，2001年）
警察法（信山社，2002年）
韓国語・韓貴鉉訳『日本警察法』（韓国法制研究院，2003年）
現代行政法入門〈第2版〉（信山社，2003年，第2版・2012）
行政法の基礎知識(1)〜(5)（信山社，2004〜2006年）
実践警察法（信山社双書，2012年）

信山社双書
実践編

実践警察法

2012年（平成24年）2月29日　第1版第1刷発行
P160-¥1600 1311-012-0150-050

著　者　宮　田　三　郎
発行者　今　井　　　貴
発行所　㈱信　山　社
〒113-0033　東京都文京区本郷6-2-9-102
TEL 03-3818-1019　FAX 03-3818-0344
henshu@shinzansha.co.jp

出版契約　No.2012-1311-9

©宮田三郎，Printed in Japan. 2012　印刷・製本／ワイズ書籍・渋谷文泉閣
ISBN 978-4-7972-1311-9 C3332
分類1311-9 C005

JCOPY 〈(社)出版者著作権管理機構　委託出版物〉
本書の無断複写は著作権法上での例外を除き禁じられています。複写される場合は，
そのつど事前に，(社)出版者著作権管理機構（電話 03-3513-6969，FAX03-3513-6979，
e-mail: info@jcopy.or.jp）の許諾を得てください。

宮田三郎著
行政裁量とその統制密度（増補版）
行政法教科書
行政法総論
行政訴訟法
行政手続法
現代行政法入門（第2版）
行政法の基礎知識(1)
行政法の基礎知識(2)
行政法の基礎知識(3)
行政法の基礎知識(4)
行政法の基礎知識(5)
地方自治法入門

神橋一彦著
行政救済法 4,800円

碓井光明著 政府経費法精義 4000円
碓井光明著 公共契約法精義 3800円
碓井光明著 公的資金助成法精義 4000円
碓井光明著 行政契約法精議 6500円

日本立法資料全集

塩野　宏　編著

行政事件訴訟法（昭和37年）⑴

行政事件訴訟法（昭和37年）⑵

行政事件訴訟法（昭和37年）⑶

行政事件訴訟法（昭和37年）⑷

行政事件訴訟法（昭和37年）⑸

行政事件訴訟法（昭和37年）⑹

行政事件訴訟法（昭和37年）⑺

塩野　宏・小早川光郎編

行政手続法（全3巻予定）　　近刊

編集代表 芹田健太郎
森川俊孝・黒神直純・林美香・李禎之編集
コンパクト学習条約集 1,450円

◇法学講義六法◇
石川 明(民訴法)・池田真朗(民法)・宮島 司(商法・会社法)
三上威彦(倒産法)・大森正仁(国際法)・三木浩一(民訴法)
小山剛(憲法)
法学六法'12
並製箱入り四六携帯版 1,000円

標準六法'12
並製箱入り四六携帯版 1,250円

小笠原正・塩野 宏・松尾浩也編集代表
スポーツ六法2011
並製箱入り四六携帯版 2,500円

田村和之編集代表
保育六法 2,200円
(第2版)

甲斐克則編
医事法六法 2,200円

山下泰子・辻村みよ子・浅倉むつ子・
二宮周平・戒能民江編
ジェンダー六法 3200円